人文社科
高校学术研究论著丛刊

认知与探索——
历史课程与教学研究

武杏杏　亢丽芳　著

中国书籍出版社
China Book Press

图书在版编目 (CIP) 数据

认知与探索：历史课程与教学研究 / 武杏杏, 亢丽芳著. -- 北京：中国书籍出版社, 2020.11
ISBN 978-7-5068-8125-8

Ⅰ.①认… Ⅱ.①武…②亢… Ⅲ.①历史教学 – 教学研究 Ⅳ.①K-4

中国版本图书馆 CIP 数据核字（2020）第 226629 号

认知与探索——历史课程与教学研究

武杏杏　亢丽芳　著

丛书策划	谭　鹏　武　斌
责任编辑	宋　然
责任印制	孙马飞　马　芝
封面设计	东方美迪
出版发行	中国书籍出版社
地　　址	北京市丰台区三路居路 97 号（邮编：100073）
电　　话	（010）52257143（总编室）　（010）52257140（发行部）
电子邮箱	eo@chinabp.com.cn
经　　销	全国新华书店
印　　厂	三河市德贤弘印务有限公司
开　　本	710 毫米 × 1000 毫米 1/16
字　　数	241 千字
印　　张	13.5
版　　次	2021 年 10 月第 1 版
印　　次	2021 年 10 月第 1 次印刷
书　　号	ISBN 978-7-5068-8125-8
定　　价	65.00 元

版权所有　翻印必究

目 录

绪 论 …………………………………………………………… 1

第一章 认知课程：历史课程概说 ………………………………… 4
 第一节 历史课程的内涵 ……………………………………… 4
 第二节 新中国历史课程的设置 ……………………………… 15
 第三节 现代历史课程的理念 ………………………………… 18
 第四节 历史课程的目标与结构 ……………………………… 24

第二章 把握资源：历史课程资源研究 …………………………… 33
 第一节 历史课程资源的内涵 ………………………………… 33
 第二节 历史教材概述 ………………………………………… 38
 第三节 教材外多元资源的整合 ……………………………… 47
 第四节 历史课程资源的建设 ………………………………… 54

第三章 掌握方法：历史教学的模式与方法研究 ………………… 62
 第一节 历史教学的内涵 ……………………………………… 62
 第二节 现代化教学手段在历史教学中的运用 …………… 64
 第三节 考古资料在历史教学中的运用 …………………… 68
 第四节 历史教学的模式研究 ………………………………… 73
 第五节 历史教学的方法研究 ………………………………… 90

第四章 有效实施：历史教学过程与策略研究 …………………… 102
 第一节 历史教学过程的内涵 ………………………………… 102
 第二节 历史教学过程的阶段 ………………………………… 115
 第三节 历史教学策略研究 …………………………………… 120

第五章 合理设计：历史教学设计研究 …………………………… 130
 第一节 历史教学设计的内涵 ………………………………… 130
 第二节 历史教学设计的要素与流程 ………………………… 139
 第三节 具体类型的历史教学设计 …………………………… 141
 第四节 历史教学中的说课与观课研究 ……………………… 149

第六章 客观评价：历史教学评价研究 …………………… 158
    第一节 历史教学评价的内涵………………………………… 158
    第二节 历史课堂教学评价概述……………………………… 168
    第三节 教师历史教学质量评价……………………………… 172
    第四节 学生历史学习评价…………………………………… 177

第七章 教学之魂：历史教师的专业化研究 ………………… 183
    第一节 历史教师的专业素养研究…………………………… 183
    第二节 教学反思与历史教师专业化………………………… 191
    第三节 历史教师专业发展的驱动力………………………… 194
    第四节 历史教师专业发展的内容与途径…………………… 199

参考文献 ……………………………………………………………… 206

绪 论

一、历史课程与教学的研究意义

对历史课程与教学进行研究具有重要意义,概括来说主要包括以下几方面。

(一)有利于历史教师树立现代教育教学意识

一直以来,很多学者和教师对历史课程与教学存在一定的偏见:一种偏见认为历史课程与教学是"雕虫小技",认为只要将历史知识都记在脑子中,就可以有效进行历史课程与教学活动,所以认为对历史课程与教学进行研究没有任何价值;另外一种偏见是认为历史课程与教学是抽象科学,具有非常明显的抽象性,所以认为教学方法缺乏实操性。这两种观点虽然是偏见,但也反映了一定的客观实际。科学求实地对历史课程与教学进行研究是纠正这些偏见的有效方法,有利于历史教师树立现代教育教学意识,从而使历史教学活动建立在科学的基础之上,也有利于历史教学取得较好的效果。

(二)有利于实现历史课程与教学的继承与创新

我国历史源远流长,具有丰厚的知识沉淀,值得我们每个人去学习和继承,同时现代教育的趋势呼唤着历史课程与教学具有一定的创新性。这就需要历史教育工作者在继承历史文化知识的基础上,在课程与教学的过程中采用科学有效的方法进行创新,培养学生的学习兴趣,从而使学生自觉地进行扬弃,择善而从。

(三)有利于促进历史教师的专业发展

目前,由于各种原因,还有不少历史教师对历史课程与教学的认识停留在传统的认识上,有的教师认为只要拥有渊博的历史知识就能讲好历史课,有的教师认为只要学生能取得好的成绩,那么自己就是一名合格和优秀的教师。实际上,这些传统的观点和历史教师的专业发展要求相差甚远。通过对历史课程与教学进行研究,有利于历史教师增强对历史课程与教学的理解,从而明确方向,确定目标,更好地进行教学活动。

二、历史课程与教学的研究对象

了解本学科的研究对象是科学认识本学科的基础。历史课程与教学的研究对象主要包括以下几种。

(一)学校教育

在学校教育中,培养目标是对某一级学校培养人的质量规格的规定或要求,我国教育行政部门对此有明确规定。例如,教育部颁布的《义务教育课程设置实验方案》规定:"课程设置应体现义务教育的基本性质,遵循学生身心发展规律,适应社会进步、经济发展和科学技术发展的要求,为学生的持续、全面发展奠定基础。"之后颁布的《中学教师专业标准(试行)》要求教师具有以学生为本的基本理念。这些规定和要求确定了本课程的研究对象首先是学校教育。因为只有研究教育,才能确定历史课程与教学的目标,历史教育的价值才能实现。

(二)学生

历史课程与教学过程中的每一个阶段都有特定的学生,这些学生正处在生理、心理迅速发展和突变的转折时期,正经历着迅速而大量获取知识、增长才干以及世界观、人生观、价值观初步形成的阶段。因此,要了解和研究学生的身心发展特点。只有这样,才能有效地制订和选择历史教学策略、教学设计、教学方法、课程资源,形成客观的历史教学评价,从而体现历史课程标准的要求。

(三)历史学科

教育部颁布的《义务教育历史课程标准(2011年版)》强调,历史课程的性质是人文社会科学中的一门基础课程,对学生的全面发展和终身发展有着重要的意义。历史课程的特性是思想性、基础性、人文性和综合性。其性质确定了历史课程在教育中的重要地位。历史学科的时序性、过去性、具体性、综合性等知识特点使得教学策略、教学设计、教学方法、教学资源等的选择凸显学科特色。

（四）历史教学过程

历史教学过程是由教师、学生、教学内容三个基本因素的集合和相互作用构成的系统的、完整的教学过程。在这个过程中，首先要理解基本因素的各自作用。教师是主导，学生是主体，教学内容是被认识的客体，是教学的依据和内容。同时，还要理解教学过程各要素之间的矛盾关系，如教师与教学内容之间的矛盾、学生与教学内容之间的矛盾、教师与学生之间的矛盾等。这些矛盾在不同的教学条件下，又呈现出不同的层次和特点。

第一章 认知课程：历史课程概说

课程问题是学校教育的核心问题。历史课程是学校课程体系中的重要组成部分。历史课程的设置与编订涉及如何落实课程目标、怎样组织内容、设计什么活动、如何安排进程等问题。由此可见，对历史课程进行研究具有重要意义。

第一节 历史课程的内涵

一、课程的含义

多年来，我国教育界一致认为，课程是指学校学生所应学习的学科总和及其进程与安排。广义的课程是指学校为实现培养目标而选择的教育内容及其进程的总和。狭义的课程是指某一门学科。20世纪70年代以来，课程的内涵发生了重要变化，呈现出以下趋势。

第一，从强调目标计划到强调过程本身的价值。把课程视为预先设定的目标、计划或预期结果，导致把教学过程中的非预期性因素排斥于课程之外，从而忽视教师和学生主体性的发挥。

第二，从强调学科内容到强调学习者的经验和体验，进而强调课程的会话本质。

第三，从强调教材的单因素到强调教师、学生、教材、环境四因素的整合。

第四，从只强调显性课程到强调显性课程与隐性课程并重。

第五，从强调实际课程到强调实际课程和"空无课程"并重。空无课程是指那些被有意或无意排除于学校课程体系之外的课程。

第六，从只强调学校课程到强调学校课程与校外课程的整合。

课程内涵的上述方面的变化，既意味着课程意识的深层变革，也在某种意义上预示着课程变革实践的发展方向。

二、课程的分类

根据不同的标准,可以将课程分为不同的类型。

(一)根据课程经验的组织方式进行分类

根据课程经验的组织方式,可以将课程分为学科课程和活动课程两大类。

1. 学科课程

学科课程也称"分科课程",是以学科为中心设计的课程。

(1)学科课程的优点

学科课程的优点主要包括以下几方面。

第一,学科内容选自各门学科基础知识,对人类文化的传承和发展具有积极意义。

第二,强调学习系统的基础知识,对学生掌握前人的认识成果具有积极意义。

第三,中小学所设学科与相应师范院校所设专业均是分科设置的,便于教师教学。

(2)学科课程的缺点

学科课程的缺点主要包括以下几方面。

第一,由于强调学科内部的逻辑联系,知识的组织过细,其实施主要强调教师的讲授,不利于学生的智力发展和学生主动性的发挥。

第二,由于重视各科内部的逻辑联系,割裂了不同学科之间的联系。

第三,过分强调理论知识的培养,忽视知识的实际应用。

2. 活动课程

活动课程有经验课程与学生中心课程两个变式。

(1)经验课程

经验课程关注的重心是通过活动所获得的经验。教师对整个教学过程进行设计与组织,创设一个适合学生成长的环境,这种环境能给学生充分的活动机会,一切活动皆以兴趣为中心。

(2)学生中心课程

学生中心课程强调将学生作为课程设计的中心,设计时充分考虑学生的兴趣、需要以及发展水平,学生的发展就是理想所在。在对待学习心理的有关态度上,学生中心课程明显倾向于重视直接感知的作用和经验的领悟。活动课程在强调直接经验的同时,重视人文教育。

(二)根据课程的计划程度进行分类

根据课程的计划程度,可以将课程分为显性课程和隐性课程两大类。

1. 显性课程

显性课程是指学校教育中有计划、有组织实施的课程,是以教学计划中明确规定的各门学科为内容的课程。这类课程主要是依靠知识的传递进行的,学生通过这类课程的学习所获得的主要是学术性知识。

2. 隐性课程

隐性课程也称"潜在课程",是指学生在学习环境中所学习到的非预期性或非计划性的知识、价值观念、规范和态度,是计划表上看不到的课程,如学校文化、班风、人际关系等。隐性课程具有显著的特点。概括来说,这些特点主要包括以下几方面。

(1)涉及范围广

隐性课程涉及学校生活的方方面面,包括物质的自然环境、精神文化环境、正规课程的意识形态选择、教师的人格和教育行为、学习气氛、班级集体建设等。所以说,隐性课程具有涉及范围广的显著特点。

(2)实施过程的潜在性

隐性课程与正规课程不同,它不是直接而公开地向学生施教,而是以间接的、内隐的方式,在不知不觉中把有关道德、审美、性别角色、政治、知识等的经验渗透到具体的人、事、物以及活动过程之中,传授给学生。

(3)结果的难量化性

学生对外部环境的影响并不是完全在其支配下做出反应,他们会根据自己独特的内部摄取机制或认知结构,对隐性课程传递的经验进行选择加工。正是因为隐性课程对学生的影响是非预期的,加之隐性课程主要是作用于学生精神世界中的非理性领域,所以对隐性课程的影响结果难以做精确的定量分析。

(4)影响的持久性

隐性课程运用人的情绪体验和丰富的联想消除冷淡、消极、不满、对立乃至抗拒等心理障碍,对学生的情感态度、价值观念、性别角色形成等产生影响。因为这些影响都是潜移默化、日积月累形成的,所以一旦产生就难以消除,也会持久发生作用。所以说,隐性课程具有影响持久性的特点。

第一章 认知课程：历史课程概说

（三）根据课程目标的取向进行分类

根据课程目标的取向，可以将课程分为学科中心课程、学生中心课程和社会中心课程三大类。

1. 学科中心课程

学科中心课程强调要根据知识内在的性质和逻辑结构来组织课程，它特别注意公认的科学概念、基本原理和科学体系在课程中的作用。

2. 学生中心课程

学生中心课程强调学生的需要、兴趣，认为课程要以学生为中心，认为学生只学习他们所经历的事情，课程的内容需要随着学生的变化而变化。

3. 社会中心课程

社会中心课程强调课程对社会的改造或适应，课程内容重点放在当代社会人们所关注或有争议的社会问题上，或者通过发现学生的现实需要，从而达到让学生更好地适应现实社会的目的。

（四）根据课程设置的要求进行分类

根据课程设置的要求，可以将课程分为必修课程与选修课程。

1. 必修课程

必修课程是指学生必须修读的课程。

2. 选修课程

选修课程是相对必修课程而言的，它是为了适应学生的兴趣爱好和劳动就业需要而开设的，允许学生在一定范围内可以因人而异自由地选择课程。

三、历史课程在基础教育新课程中的地位

（一）历史课程是基础教育阶段的基础课程

历史课程是基础教育阶段的基础课程，具有相应的法定性。

1. 义务教育阶段历史课程的特点

义务教育历史课程是一门基础课程，具有普及性、基础性、发展性三个特点。

（1）普及性

普及性是指义务教育历史课程是义务教育阶段学生必修的一门基础课程。

（2）基础性

基础性是指义务教育历史课程是提高国民素质的一门基础性课程。

（3）发展性

发展性是指义务教育历史课程既要考虑到全体学生，也要高度尊重学生的个性，充分发挥学生自身的能力和特长，为学生进一步接受学校教育打下基础。

2. 高中历史课程的特点

（1）普及性

普及性即历史课程是高中教育阶段学生必修的一门基础课程，它面向全体接受高中教育的学生，要求接受高中教育的学生能够达到课程标准规定的学科教育目标。

（2）非专业性

非专业性即高中历史课程是基础教育阶段面向全体学生的一门基础课程，其着眼点在于提高国民素质，因此在历史课程目标的确定和课程内容的选择方面体现出非专业性，即在知识和技能方面不做专业性过高的要求。

（二）历史课程是基础教育阶段的必修课程

历史课程是义务教育阶段的必修课程，这实际上肯定了历史课程在基础教育中的重要地位和作用。历史课程面向全体接受义务教育的学生，要求接受义务教育的学生能够达到历史课程标准规定的目标。

将历史课程规定为高中阶段的必修课程是为了提高全体学生的素质。历史观是国民精神的核心和灵魂，是爱国主义的立足点和出发点，也是民族凝聚力的基础。国家和民族的发展不可能没有历史教育的支撑，不可能没有民族素质的提高。同时，对历史的认识对当代社会的发展有直接而深刻的影响。因此，当今世界各国都非常重视历史教育，在高中阶段基本上都将历史作为必修课程。

第一章　认知课程：历史课程概说

（三）历史课程是人文教育的核心课程

《全日制义务教育历史课程标准(实验稿)》指出,这次历史课程改革要使学生"从历史中汲取智慧,养成现代公民应具备的人文素养"。《普通高中历史课程标准(实验)》指出:"普通高中历史课程必须全面实现其教育功能,在提高现代公民的人文素养方面发挥重要作用",在"课程性质"中规定高中历史课程是"进一步培养和提高学生的历史意识、文化素质和人文素养,促进学生全面发展的一门基础课程",在"课程目标"中规定高中历史教育的目标之一是"加深对历史上以人为本、善待生命、关注人类命运的人文主义精神的理解"。有关人文的概念是十分复杂的。对历史教育而言,简单地说,人文性就是对人及人类社会的关怀,强调个人与他人以及与社会的和谐。在历史课程中,具体表现为以下几方面。

第一,对人类社会的正确认识,并在此基础上形成正确的社会观念和社会意识。培养受教育者对社会的正确认识,树立正确的社会观是历史教育最根本的价值之一。

第二,对生命的尊重与关怀。关怀和尊重生命是人文教育的重要内容,历史课程在这个方面具有重要的作用。

第三,对不同意见和观念的尊重与包容。尊重和包容不同的意见和观念是人文性的重要表现。教育学生尊重和包容不同的观念和文化,是历史课程的一个显著的特点。

四、历史课程标准

（一）历史课程标准的内涵

历史课程标准是教育部颁布的说明历史课程的标准文本,是指导历史课程实施工作的重要文件之一。历史课程标准是国家历史课程的基本纲领性文件,反映了国家对学生历史学习结果的期望。历史课程标准要求能够明确具体地反映学科特点,尤其是其中的课程目标的内容,这将有助于基础教育课程改革的实施与发展。一般来说,历史课程标准包括以下内涵。

第一,它是按门类制定的。

第二,它规定了本门课程的性质、目标和内容框架。

第三,它提出了指导性的教学原则和评价建议。

第四,它不包括教学重点、难点,时间分配等具体内容。

第五,它规定了不同阶段学生在知识与技能、过程与方法、价值观等方面所应达到的基本要求。

历史课程标准规定了历史学科总的教育目标,同时又规定该学科具体的目标分类、能力培养层次和教学内容,课程标准是学校和教师自主选择教材的依据。也就是说,有了课程标准,教师就可依据标准查找教学材料,按标准安排教学内容与程序。

(二)历史课程标准的作用

历史课程标准具有重要作用,概括来说主要包括以下几方面。

1. 有助于最低课程实施目标的设定

历史课程标准是关于学生在历史学科方面应该知道什么和能够做什么的规定。历史课程标准主要是对学生在经过某一学段之后学习结果的行为描述,它是国家(或地方)制定的某一学段共同的、统一的基本要求。历史课程标准所提出的是最基本的课程目标,是所有学生都能达到的目标,即国家课程标准中只规定最低限度的标准线,以此作为衡量历史教学是否达到义务教育的目标,在实际的教学和课程进程中允许超标。课程标准没有对课程内容做出具体规定,有助于不同地区根据自身的情况开发出多种多样的课程。

2. 对教材编写具有一定的指导作用

目前,教材的含义开始多样化,要求国家课程要逐步建立开放教材编写市场、教材由学校选用的管理制度。开放教材编写市场,要遵循一定的原则,即课程标准是教材编写遵循的依据。教材编写者在编写某一学科的教学材料之前,应深入理解这一学科的课程要求与课程的性质、基本理念。为了更好地帮助教材编写者理解课程标准的要求以及说明怎样的教材才是课程标准追求的样式,课程标准还单独开辟一部分,专门阐述对教材编写的建议,为教材编写者提供更加明确和具体的指导。由于没有像教学大纲那样固有的内容要点,以课程标准作为教材编写的基础才可能真正实现教科书风格的多样化。

3. 对教学具有一定的指导作用

历史课程标准对历史教学具有一定的指导作用,这主要体现在以下两方面。

第一,教学实施具有一定的社会性,要从国家对人才的需求出发。教师不能随心所欲地进行教学,需要课程标准来规范其教学行为,以实现国家的整体教育目标。对于如何实现课程目标的要求,课程标准提出一些建议,对教学起着一定的指导作用,能使教师树立新的教学观,指导教师组织教学。

第二,多数教师专业知识较丰富,教学思想理论却比较薄弱。另外,教师个人的素质也参差不齐,需要制定适当的课程标准指导其教学。

4.对课程评价具有一定的指导作用

这里说的课程评价包括两方面内容。
第一,对课程实施过程的评价,课程本身是评价的对象。
第二,对课程实施结果的评价,学生学习的结果是评价的对象。
这两种评价都要以课程标准为基础。

目前,课程标准体现出当今教育以学生发展为本,关注学生的个性发展、全面发展和可持续发展的特点和趋势,淡化了终结性评价和评价的筛选评判功能,强化了过程评价和评价的教育发展功能,并呈现出多元化的趋势。课程标准影响课程评价,进而也影响着课程实施的方向与效果。

(三)历史课程标准修订的方向

1.确定历史学科课程标准能力目标

课程目标是课程本身要实现的具体目标和意图,它规定了某一教育阶段的学生进行课程学习以后,在发展品德、智力等方面期望实现的程度,它是课程的灵魂,是确定课程内容、教学目标和教学方法的基础。课程开发能否顺利进行,取决于拟定的课程目标是否准确。课程目标到底包括哪些内容,如何具体表述,这是课程标准主要的任务之一。只有将能力目标确定清楚,才有可能更好地根据能力目标来安排、选择相应的历史课程内容。

历史教育的目的不仅仅是让学生掌握更多的历史知识,更重要的是让学生通过对历史的学习,从中得到启发,使自身能力得到一定的发展,从而实现提高学生综合素质的目标。历史教育应该教会学生去客观地看待历史上发生的现象,去通过这些现象反思社会中存在的问题,这就要求学生必须要具备一定的学科能力素养。目前,对于历史学科应该包括哪些能力,尚没有一个统一的说法,正是对历史学科能力的不确定,才会造成现行历史课程标准在编写上存在着能力标准表述模糊的问题。研究历史学科的能力构成,一方面有利于历史教师批判性思维能力的培养,另一方面也有利于历史课程标准的修订,对于深化历史教育改革具有重要意义。

2. 细化能力目标、内容目标层次,使课程标准具有可操作性

历史课程标准无论是在教学目标(目的)还是在具体的教学内容的设定上,虽然吸收了最新的教育理念,课程标准文本语言的叙述令人振奋与激动,但是如何落实上述目标,教师应该采用怎样的具体操作,教科书如何编写才能有助于上述目标的实现,对此课程标准都没有详细规定。当前,我们的历史课程标准是一种粗放型的标准,没有将课程标准的作用、教师的实施、学生的学习真正融合为一体。我国历史课程标准在能力培养方面没有对历史学科能力进行明显分类、层次划分,对历史学科能力的培养缺少具体的要求,难以让一线教师把握课程标准制定者的意图。因此,可以细化能力目标、内容目标层次,使课程标准具有可操作性。

以能力目标细化为例。当确定了历史学科思维能力结构应该包含的类别内容后,历史课程标准就要在具体的能力目标层次和内容上做出明确的规定。历史时序思维、搜集理解与组织历史材料、历史解释、历史因果分析等历史思维能力目标具体的含义、层次、内容,就成了课标修订的核心。在课程标准能力目标的叙述上,应在对这些历史思维能力进行总体叙述的同时,按其不同的心理领域和水平层次,列出各项能力的具体细则指标要求,并对各项指标要求所要做到的情况给予详细说明。同时,对不同年级、不同阶段的学生的学业成就提出不同标准,以使历史教育在能力培养上呈现出递进性,形成从简到繁、层次分明的目标体系。在学习中,较高水平的技能需要建立在较低水平学习的基础之上,使难易深浅的目标按照不同的学段来展开,从而保证课程目标的实现。

3. 围绕能力目标的落实,精选课程内容

历史课程不是为了培养历史学科研究的后备军,而是侧重于基本的公民素养的构建。历史课程在内容的选择上,应围绕学生历史思维能力的培养、合格公民素养的塑造等方面对课程内容进行筛选。历史教育的关键在于培养学生拥有历史思维的眼光,能够对历史与现实进行反思与批判。因此,历史课程内容设置的重点是在于如何让学生理解历史,引导

第一章　认知课程：历史课程概说

学生进入历史,面对纷繁复杂的历史情境与历史对话。

4. 必须处理好课程诸要素的平衡

在把课程目标和经过选择的内容或学习经验转化为具体的课程标准的过程中,必须处理好课程诸要素的平衡。

（1）课程目标、课程内容与教学时间之间的平衡

在我国,历史课程属于小学科,课时量有限,而历史知识内容丰富。如何合理安排目标与内容之间的关系,直接影响到课程标准文本最后的定稿,影响教学的实施。虽然教育需要传播知识,能力培养以知识为基础,但是一个人的人格、智慧、能力关乎其人生的未来、社会的发展,因此课程设计必须要在知识与能力、情感态度与价值观之间取得平衡。历史教育培养的是具有批判精神的合格公民,如果课程内容以知识为本位,知识点安排过多,在课时量不足的前提下,教师只有用各种方式拼命将知识内容灌输给学生,由于缺乏具体历史内容情境,历史教育的情感态度与价值观和能力培养目标的实现是没有保证的。就基础教育的现状而言,历史课程要实现预设的能力与情感态度、价值观目标要求,只能在课程内容覆盖面上做出牺牲,即删减一些课程内容,学生探究学习、体验学习的时间相应得到增加,这样才有助于保证课程目标的实现。

（2）课程实施形式、学生学习活动方式与课程目标、课程内容之间的平衡

学习历史要求学生思考历史事件原因与结果的关系,进行合理的历史解释,获得在现实生活中做出明智决定的能力。历史知识本身具有多元性,历史学习要通过史料进行间接推理,对某一个历史事件没有也不可能只有一种解释,所以历史学习很大程度上就是探究学习。现行历史课程标准在课程目标设计上虽然要求进行能力培养,但仍然强调以识记目标学习为核心。由于各地学生在历史学习中的主要依据是历史教科书,而教科书内容较为笼统,多数老师在课堂教学中充其量只能做到使学生对教科书内容进行归纳和整理,对历史问题并未形成自己的认识。传统历史课程过分强调学习的覆盖面,导致学生学习面面俱到,结果浅尝辄止。这种学习使学生在短时期内确实掌握、背会了大量的历史知识,但是如果学生未来不是学习历史专业的话,这样的历史知识实际作用不大。探究式学习尽管会给学生知识面的掌握带来一定的损失,但深入透彻地学好一部分内容,要比盲目学很多东西收效更大。这种学习最主要的是教会了学生学习的方法,使学生掌握了分析看待历史或者社会问题的态度,这将有助于学生怀着探究的精神,带着问题主动学习,掌握解决问题的方法

和独特有效的学习方式。这些恰恰是创新式人才所必须具备的素养。

当今社会已进入了知识经济时代。培养人的创造能力和创新意识已成为学校教育的核心。历史课程标准在内容与能力目标的设置上，不能笼统地指出历史课程的实施以探究教学为主，而应通过具体的课程内容标准要求，举例说明在教学过程中要创设与怎样创设一种类似科学研究的情境和途径，让教师体会历史间接教学的要求与方法。如果历史课程标准的修订关注到此方面，教师们自然会理解在这样的学习过程中，学生是否掌握某些具体的知识并不重要，关键是能否对所学知识有所选择、判断、解释、运用，从而关注学生思维能力的培养。历史课程标准在具体的课程内容设置中必须处理好知识与能力之间的关系。第一，历史知识浩如烟海，精选哪些知识内容，需要研究斟酌。第二，知识与能力培养如何衔接。编制者应该在课程内容设置上，将具体细化的能力目标与每一部分课程学习内容结合起来，说明学习该部分时学生应该达到的具体培养目标要求，说明学生在学习过程中应该采用的学习方式类型。历史课程标准如果能够在修订时注意解决上述问题，显然有助于做到课程实施形式、学生学习活动方式与课程目标、课程内容之间的平衡。

（3）课程目标、课程内容、学习活动、课程实施与学习材料之间的平衡

要想实现历史课程标准设定的能力与情感态度、价值观目标，有助于探究学习与间接教学活动的开展，教科书的编写就应该考虑怎样促进学生动手操作、主动探究历史问题。历史教科书展现出较详细的历史细节，有助于学生更加清晰、理性地认识历史事件产生的原因，拥有理性的历史思维。

思维能力培养需要有一定的激发条件，要求教科书能够营造一种学生能明显意识到的疑难情境，使其产生认识上的困惑，激发其探索的欲望。教科书的编写应该有助于学生根据所提供的材料信息进行独立的自我探究学习。所以，编写者要从课程目标出发，根据课程内容的要求，思索怎样的教科书才能有助于学生进入具体的历史情境等问题，以有利于学生的探究与反思，有助于他们透过历史知识的学习获得处理历史资料的方法，认识到理解历史的角度，掌握处理评价资料的能力等。

（4）课程评价与课程目标、课程内容、学习活动、课程实施形式等之间的平衡

要想保证课程目标的实现，保证课程改革的成功，需要评价护航。现行课程标准对评价重视不够，把评价视为学习评价。实际上，课程评价不等于教学评价，也不等于考试评价。它涉及课程与教学过程的目标选择、内容选择、课程结构与组织等环节，也涉及教学实施的目标、内容、组织、

第一章 认知课程：历史课程概说

策略、方法、环境等各种因素,要求教师的选择设计应与课程目标及其功能相吻合。课程评价不能仅关注教学层面的行为,还要关注设计层面的内容。围绕学生的成长与公民素养的塑造考虑评价的内容,需要做到课程评价与课程目标、课程内容、学习活动、学习材料、课程实施形式等的平衡。

第一,历史课程标准要重视课程评价的地位。要想让所有的历史教师参与到课程改革中来,就应该让教师们感受到自己也是课程改革的一个主体,课程标准要允许教师们对其评头论足,以便于未来更好地修订完善。

第二,要使课程目标落在实处,应该在考试评价中明确指出学科考试侧重的方向,分析教学中的评价与学科终结性评价各自在评价中所占的地位比重,让一线历史教师领会到课程改革评价的目标与课程培养目标的一致性。

历史课程标准在课程评价上做出上述调整,才有可能最终保证课程诸要素的平衡,发挥课程设计的总摄作用。

第二节　新中国历史课程的设置

一、1949—1958年的历史课程设置

新中国成立之初,教育部颁发了《中学暂行教学计划(草案)》,规定从初一到高三,全部开设历史课,每周均为3学时,每周总计18学时。教学内容实行小循环,初中一年级开设中国古代史,初中二年级开设中国近代史,初中三年级开设外国历史,高中一年级开设中国古代史,高中二年级开设中国近代史和新民主主义革命史,高中三年级开设外国历史。这是新中国历史教育的起始,为后来历史教育的发展奠定了基础。

1953—1957年是新中国历史教育发展的一个重要时期。1953年教育部颁发了《中学教学计划(修订草案)》,历史课程还是从初一到高三开设,每周均为3学时,每周总计18学时。但是,调整了中学历史课的教学内容:初一和初二上学期开设世界古代史,初二下学期和初三开设中国古代史,高一和高二上学期开设世界近现代史,高二下学期和高三开设中国近现代史。1956年,教育部颁布了一套历史教学大纲。这套大纲分为小学中国历史、初级中学中国历史、初级中学世界历史、高级中学中国历

史、高级中学中国历史(近代史部分)和高级中学世界近代现代史共六个教学大纲。大纲规定从初一到高三都开设历史课,每周均为3学时,每周总计18学时。其中初中一年级开设中国古代史,二年级开设中国近现代史,三年级开设世界历史;高中一年级开设世界近现代史,二年级开设中国古代史,三年级开设中国近现代史。这一大纲具有三方面特点。

第一,为适应学生的需要,历史课程采用了螺旋式编排。

第二,课时充足。

第三,中国史与世界史内容的比例为2∶1,并在其内容上有了自己的体系和特色。

它建立了以马克思主义唯物史观为指导思想的历史课程体系,标志着新中国历史课程体系已经初步构建。

但在1958年3月的教学计划中,初中二、三年级和高中各年级的历史课每周都减少了一个课时。

二、1959—1966年的历史课程设置

20世纪50年代末60年代初,中国史课程的大部分内容被"三史"(家史、村史、厂史)所取代。1963年,教育部颁发了《全日制小学历史教学大纲(草案)》和《全日制中学历史教学大纲(草案)》。其规定小学五、六年级开设单独的历史课,初一不开设历史课,初二开设中国古代史,初三上学期开设中国近代史,下学期开设中国现代史,均为每周2学时。高一、高二不开设历史课,高三开设世界史,每周3学时。在内容方面,这两个大纲将原有的说明部分细化为"教学目的和要求""教学内容""教学中应注意的几点"等,省去了之前针对各年级所教授内容的知识框架的梳理,并初步阐述了如何在教学中达成教学目标的问题。1964年7月,教育部发出通知,要求进一步调整和精简中小学课程,历史课也在精简之列。20世纪60年代中期,历史课程被削减了大部分,只在初三开设一年。

三、1977—1991年的历史课程设置

1977年后,教育工作逐渐走上正轨。1978年2月,教育部颁布了《全日制十年制学校中学历史教学大纲(试行草案)》。其规定初二开设中国古代史,初三上学期开设中国近代史,下学期开设中国现代史,高一开设世界史。

1980年,教育部对1978年历史教学大纲进行修改,并颁布了《全日

制十年制学校中学历史教学大纲(试行草案)》(第二版)。该大纲除了在内容比例方面进行了细微调整外,在课程设置办法和体例方面都与1978年大纲相同。

1981年4月,教育部颁发《全日制六年制重点中学教学计划(试行草案》和《全日制五年制中学教学计划(试行草案)的修订意见》。其规定初一开设中国古代史,初二开设中国近现代史,高一开设世界史,历史课的开设情况和文理综合型的计划完全一致,仅在高三文科班加授历史课。

1986年,国家教委制定了两个历史教学大纲,第一个是《全日制小学历史教学大纲》,其规定六年级(五年制小学在五年级)开设历史课;第二个是《全日制中学历史教学大纲》,该大纲规定初中一年级开设中国古代史和中国近代史,初二开设中国现代史和世界史,初三不开设历史课,高一开设世界史,高二、高三不开设历史课。这样的课程安排改变了多年来初中不开设世界史的状况。

1988年11月,国家教委颁发了《九年制义务教育全日制初级中学历史教学大纲(初审稿)》(1992年正式实施)。该大纲规定六三制学校初一、初二开设中国历史,初三开设世界历史,五四制学校初一、初二开设中国历史,初四开设世界历史。

1990年3月,国家教委印发了《现行普通高中教学计划的调整意见》,对高中课程进行改革。调整后的高中历史课程分为必修课和选修课两部分。1990年4月,国家教委颁发了《全日制中学历史教学大纲(修订本)》。该大纲规定初一教授中国史,初二上学期教授中国史,初二下学期教授世界史,高一上学期教授中国近代现代史,高一下学期和高二教授世界史,高三开设中国古代史选修课。

四、1992—2001年的历史课程设置

20世纪90年代,为落实江泽民同志关于对中小学生加强中国近代史、现代史及国情的教育,历史课程做了一系列调整。

第一,1991年8月,国家教委制定了《中小学历史学科思想政治教育纲要(试用)》。该纲要是对中小学历史教学大纲在思想政治教育方面的补充,希望学生能够通过对历史的学习弘扬中华民族的优秀传统文化,从而提高学生的民族自尊心和自豪感。

第二,1992年,国家教委颁发了《中小学加强中国近代、现代史及国情教育的总体纲要》。该纲要特别重视中国近现代史教育。同年颁发的《九年义务教育全日制初级中学历史教学大纲(试用)》规定:初一、初二年级开设中国历史,初三开设世界历史。高中历史课也做了调整,高一开设世界近现代史,高二开设中国近现代史,高三开设中国古代史选修课。

1996年,国家教委颁布了《全日制普通高级中学历史教学大纲(供试验用)》,该大纲规定高中历史课程分为必修、限定选修和任意选修三类。高一年级开设必修课中国近代史。文科限定选修课有两门,高二开设世界近现代史,高三开设中国古代史。任意选修课两门:高一开设中国文化史,高二开设世界文化史。为全面推进素质教育,教育部重新编制了《九年义务教育全日制初级中学历史教学大纲(试用修订版)》,并于2000年8月下文公布,其中规定,初中一年级开设中国古代史,初中二年级开设中国近现代史,初中三年级开设世界史,每周均为2课时。同年,还出台了《全日制普通高级中学历史教学大纲(试验修订版)》,并将其扩展到全国10个省、市继续试验。该大纲对课程、课时做了如下安排:高中历史课分为必修课和选修课,高一开设必修课中国近现代史,高二开设世界近现代史(文科选修),高三开设中国古代史(文科选修)。

五、21世纪的历史课程设置

进入21世纪,我国的新一轮基础教育课程改革正式启动。从2001年7月教育部颁布的《全日制义务教育历史课程标准(实验稿)》和2003年4月颁布的《普通高中历史课程标准(实验稿)》来看,其中一个最显著的变化是以"历史课程标准"取代了原来的"历史教学大纲",成为中学历史教育教学工作的纲领性文件。它与以往的历史教学大纲的不同是:没有对具体的教学顺序和教学时间做出明确规定,而是更关注课程的基本理念、设计思路、课程目标、内容标准等方面,为教师更灵活地安排教学提供了空间。

第三节　现代历史课程的理念

一、面向全体学生

面向全体学生是指历史课程的教育对象应该是所有的在校学生,使他们能够通过对历史课程的学习,达到历史教育课程标准所规定的目标。这就要求所有历史教师要公正、公平地对待每一位学生,赋予他们同等的

第一章 认知课程：历史课程概说

受教育的机会和权利,对所有学生应该一视同仁,使所有的学生在历史课程的学习中都能发挥出他们的特长和能力,从而使自身素质得到提高。

要使历史课程真正面向全体学生,就要让学生真正成为历史学习的主体,并要在历史课程教学中以问题探究为核心,培养学生的创新思维和能力,关注学生的情感体验,促进学生人文素养的形成和发展。具体来说,历史教师应该做到以下几方面。

(一)要因材施教

历史教师在教学过程中应该熟悉每一位学生的性格、兴趣和能力水平等,并且根据不同学生的特点因材施教。根据不同学生的特点,采取不同的方式和方法,从学生的实际出发,使不同的学生都能在历史学习中有所收获。

(二)要尊重和信任每一位学生

每位学生都是一个独立的个体,都有自尊,所以教师应该尊重每一位学生,对待成绩好的学生和成绩差的学生应该一视同仁,要尊重和信任每一位学生,差生不会永远是差生,如果教师可以一视同仁,对他们有足够的耐心和爱心,那么差生也可能会成为成绩好的学生。可见,教师一定要尊重和信任每一位学生,力求使每一位学生都能在历史课程学习中有所收获。

(三)要建立适合学生实际需要的课程体系

历史教师一定要建立起符合学生实际需要的课程体系,以促进学生的发展。学生来自不同的家庭、社区,他们的文化背景和生活经历都有很大差别,即使是来自相同家庭和社会背景的学生,也会由于个性差异、兴趣、行为习惯等的不同而呈现出巨大的差异,所以只有多样化的课程内容才能满足不同学生的发展需要,也才能真正使不同的学生都从中获得发展。

(四)要合理分配课程资源

在对待课程资源上,教师应该合理分配,要让每一位学生都能够公平地享有课程资源。作为教师,必须要拥有一颗公正的心,要平等地对待每一位学生。

(五)对每一位学生的评价必须公正

在历史课程教学中,评价是必不可少的一个环节,是历史教师了解教学效果和调控教学行为的重要手段。对学生进行评价,目的是让学生更好地了解课程标准对他们的要求,并促使他们努力学习,达到课程标准的要求。在评价的过程中,历史教师要保证所有的学生都有机会展示他们所学到的知识,不能按照一次或几次考试的成绩将学生进行排序,这样会不利于学生学习的积极性与主动性的培养。概括来说,历史教师在评价的过程中应注意以下几方面。

第一,教师在评价时不能对学生有偏见,更不能因为别人对自己说了什么就将这种印象带入对学生的评价中,教师一定要公平、公正地评价每一位学生。

第二,不应该在相同的场景中对学生进行评价,因为每一位学生都存在差异。

第三,教师评价的方式和方法应该多样化,以便让不同性格的学生都能展示出自己在历史课程中的学习成果。

二、课程内容贴近学生生活和社会

(一)课程内容贴近学生生活

历史课程内容要贴近学生生活是指历史课程的内容要注意关注学生的现实生活,即关注学生在日常生活中所获得的生活经验,努力使其成为学生生命发展历程中的重要组成部分,从而扩大学生的知识面和视野,让学生得到充分的发展。需要注意的是,课程内容要贴近学生生活不仅仅是要关注学生的现实生活,而且要关注学生可能会出现的生活世界,不仅是在大脑中复制大千世界的万象景观,而且要关注学生更高的需求,即精神生活的需要。为使历史课程内容贴近学生生活,义务教育历史新课程增加了中华人民共和国的历史等学生比较熟悉和感兴趣的内容,让学生通过身边历史的变化来感悟社会进步,感悟历史发展,既提高了学生历史学习的兴趣,同时又有意识地拉近了历史与现实之间的距离。

(二)课程内容贴近社会

课程内容贴近社会是指历史课程的内容要尽量贴近现实生活。学生是生活在现实社会中的个体,如果历史课程的内容尽可能地贴近学生的现实生活,那么对于学生理解历史具有重要意义。

社会生活是最丰富的历史,所以历史课程的内容要尽量与社会生活实践紧密联系,从最基本的衣食住行、社会交往以及礼仪等方面来反映当时的社会生活,让学生能够真实地感受到当时的风土人情。

三、全面发挥历史教育的功能

历史教育功能可以概括为社会功能和育人功能两种类型。在应试教育下,历史教育比较注重的是社会功能,突出的表现是学校的历史教育是以学生学习历史知识为中心的,学生的学是为了获得更高的分数,而教师的教是为了让学生获得更高的分数,提高升学率,忽视了历史教育的育人功能。在新课程的背景下,历史教育注重的是育人功能,比较注重历史教育对学生的身心发展所起到的作用。历史教育育人功能的内涵主要体现在以下两方面。

(一)历史教育的人文教育功能

通过对历史知识的教学对学生进行人文素质的教育和人文精神的培养是历史教育最重要的人文教育功能。因此,必须要将人文精神渗透到历史课程教学实践中。当前,历史教育人文精神的培养比较重视学生健全人格的形成,促进学生的全面发展,这是因为历史教育不仅仅是在向学生传授历史知识,更重要的是通过这些知识的教学使学生的人格得到发展,使学生从历史的角度去了解和思考人与人、人与社会、人与自然的关系,学会以人为本、善待生命,进而弘扬爱国主义的精神,关注中华民族乃至全人类的命运,形成正确的人生观、世界观和价值观。总之,对学生人格塑造的理念决定了历史课程应选择什么样的内容,要将学生培养为什么样的人,决定了对学生历史学习评价的根本标准。要真正贯彻这一标准,非常重要的一个方面便是教师能够公平公正地对待每一位学生,用他们的爱心和耐心去真诚地爱护学生。

(二)历史教育的公民教育功能

世界上很多国家把历史教育当成公民教育的重要渠道。但由于历史和现实的原因,长期以来,我国历史教育承担的公民教育功能不够全面,广大历史教师对历史教育与公民教育之间关系的关注也不够充分。随着我国经济和社会的发展,对公民的素质也提出了越来越高的要求。在此背景下,探索在历史教育中开展公民教育具有现实意义。

公民教育是旨在使人们成为健全公民的教育。就历史教育中的公民教育而言,与其他学科公民教育的侧重点有所不同,它不是完全针对公民知识的教育和公民技能的训练,而是注重公民意识的培养,从而提高公民的素质。

总之,历史教育应从社会功能和育人功能两个方面担当起全面发挥历史教育功能的重任。正是从这一理念出发,历史课程标准依据学科特点,高度重视历史教育功能的全面发挥。

四、倡导学生主动学习

倡导学生主动进行学习的理念要求历史教师做到以下几方面。

(一)历史教师要转变教学方式

历史教师应该根据新课程标准的要求转变自己的教学方式。在教学过程中,教学的关系应该是教与学之间的交往互动,学生是历史教学的主体,交往互动就意味着教师和学生之间的关系应该是一种平等和合作的关系。教师应该尊重学生,在此基础上努力改变自己的教学方式,使学生获得发展。

(二)历史教师要培养学生具有"我能学"历史的"主动学习"意识

历史学习中的每一位学生都存在显性或潜在的历史学习能力,他们都有表现自己学习能力的愿望。对此,历史教师一定要了解学生的特点,对学生因材施教,积极鼓励学生去主动学习,逐渐形成自主学习的意识和能力。

(三)历史教师要引导学生确立"我想学"历史的"主动学习"态度

历史教师应该理解学生的特点,通过一定的方式和方法激发学生的学习兴趣,让他们想学历史。为了展示学生的学习成果,调动学生的积极性和主动性,教师还可以组织专题讨论课,学生可以在课堂中将自己的学习成果展示给大家,使学生从中获得一种愉快的情绪体验。

(四)历史教师应培养学生在活动与探究中掌握"我会学"历史的"主动学习"方法

当前历史新课程大力提倡的活动课程和探究性学习,突出了历史学习的过程性,强调学生在过程中主动探究历史和体验历史,这有利于学生转变重结果、轻过程的学习方式,鼓励学生在"活动"中学习,在"研究"

中学习。借助这样的自主性、探究性、合作性学习,学生"坚持学"历史的主动性会有很大提高,不仅可以使学生在师生互动中学到知识,并且可以培养学生大胆质疑的创新精神,还可以培养学生在生活中协调人际关系、与人合作的协作精神和团队精神。连续如此去实施历史新课程教学,教与学将日趋和谐和统一,教学最终会得到升华,学生的人格魅力和综合素质也会得到提高。

五、建立综合评价体系

历史教学评价是指运用科学的方法,对学生的学习过程、活动、历史思维、历史意识以及身心发展状况及时做出评价,发现和发展学生多方面的潜能。同时,通过引导教师对自己的教学过程、教学行为、教学效果的分析与反思,进行定性和定量的价值判断,建立有利于教师专业成长的教师评价体系。具体来说,多元化的综合评价体系重点包括以下几个方面。

(一)评价类型多元化

评价可以分为广义评价和狭义评价、相对评价和绝对评价、自我评价和他人评价、单项评价和综合评价、定性评价和定量评价以及预测性评价、诊断性评价、形成性评价和总结性评价。根据教学阶段性的特点,评价还可分为课堂教学评价、单元教学评价、学期教学评价、学年教学评价等。不同教学阶段的评价,应有相应的评价目的、评价范围和评价方法。需要强调的是,历史课堂教学是历史学习的主渠道。因此,要建立完善的历史课堂教学评价机制,既要关注教师的教,又要关注学生的学,以实现促进学生发展和教师专业成长的双重目标。

(二)评价对象和参与者多元化

历史新课程倡导建立教师、学生、家长和管理者共同参与的体现多渠道信息反馈的教师评价制度。在这一评价制度中,以教师自主评价为主,结合同行评议、学生评价、学校领导与家长等相关人员参与评价的方式进行。在这一评价制度中,评价以学生为中心,要注意学生的个性差异,让学生了解评价方法与过程,并引导学生参与评价过程,尝试自我评价,充分发挥学生的主体作用。

(三)评价功能多元化

评价是历史教学环节的重要组成部分,应有利于历史新课程的实施。

在教学过程中要充分发挥教学评价的导向功能、诊断功能、激励功能和促进功能，促进学生学习能力和创新意识的提高。

（四）评价目标多元化

评价不再局限于考查学生的历史知识、历史技能，还包括考查学生情感态度与价值观的变化、历史学习的过程与方法，避免将历史知识的掌握程度作为唯一的评价内容。

（五）评价方法多元化

对学生历史学习业绩的评判应该灵活采用各种评价方法，要综合采用观察、记录、调查、访问、讨论、作业、测验考试、评议、档案（成长记录袋）以及历史习作、历史制作等多种方法进行评价。评价方法应具有科学性、灵活性、有效性和实践性。历史教师在评价中应以学生人格养成为中心，立足于学生的多样化个性，放飞学生的才情和灵感，让学生由"求知"到"求法"，由"学好"到"好学"，由"能学"到"会学"。

第四节　历史课程的目标与结构

一、历史课程的目标

（一）课程目标的内涵

课程目标是根据教育目的和教育规律而提出的课程的具体价值和任务指标。对课程目标概念的理解，尽管理论界也存有异议，但其基本观点还是比较一致的，即普遍认为课程目标是指学校课程所要达成学生身心发展的预期结果，是在课程设计与开发过程中，课程本身要实现的具体要求，它期望一定阶段的学生在发展品德、智力、体质、素养等方面所达到的程度。

1. 课程目标的功能

课程目标具有一定的功能。概括来说，这些功能主要包括以下几方面。

（1）选择功能

选择功能是指课程目标在课程与教学中为所要达成的行为与内容起

第一章　认知课程：历史课程概说

选择标准作用。课程与教学活动主要是使学生的认知与行为发生变化。通过课程目标对行为与内容的表征，可以把目标结构框架勾勒出来，以指导具体的课程与教学过程中的计划操作与实施。

（2）定向功能

定向功能是指目标所要达到的最终结果的方向性。课程目标是课程开发的预期结果，它在一定意义上制约课程开发的方向，对课程开发起着指引作用，使教学中的师生活动有明确的共同指向。

（3）计划与操作功能

计划与操作功能是指在具体的课程与教学开发过程中的课程编排、活动计划及实施问题的计划与具体安排。课程目标的计划与操作功能主要体现在以下几方面。

第一，可以为课程内容和教学方法的计划及选择提供依据与指导。

第二，可以为课程与教学的具体组织实施提供计划、依据、规定及要求。

第三，可以为具体的行为与内容提供要点、要求等。

（4）评价功能

课程目标是课程与教学活动的出发点和归宿，也是评价该活动是否达到预期结果及要求的重要评价标准。通过课程目标在内容方面的具体要求，以此为标准对学生的认知与行为变化结果做比较，有助于调整教育、教学进程并验证教学活动的效果和效率。

2. 确定课程目标的依据

课程目标的确定需要考虑各种因素，受课程目标价值取向的影响，一般来说我们在确定课程目标时需要注意三个方面的要求。

（1）当代社会生活的需要

学校教育的一个主要任务就是使学生逐渐社会化，课程目标的确定应当反映社会生活的需要，将社会生活的需求作为制订课程目标的重要依据之一。社会需求包罗万象，课程目标应当把关注的焦点放在当代社会生活中最重要的方面，在确立课程目标时要明白哪些才是课程目标需要重点反映的社会需求。

（2）学习者的需要

学习者的需要是课程目标确定的一个基本依据，因为课程的设置是为了学习者的学习，为了促进学习者的身心发展。学习者的需要是十分复杂的，不同学习者具有不同的需要。要了解学习者的学习需要，就要研究学习者的学习兴趣和身心发展特点，这样才能保证课程设置的有效性。

(3)学科发展的需要

学科知识及其发展也是课程目标确定的基本依据之一。学科知识内含着自身的逻辑体系，包含着基本概念和基本原理、探究方式、学科的发展趋势、与相关学科的关系等内容，这需要研究学科知识的特点与组织方式。

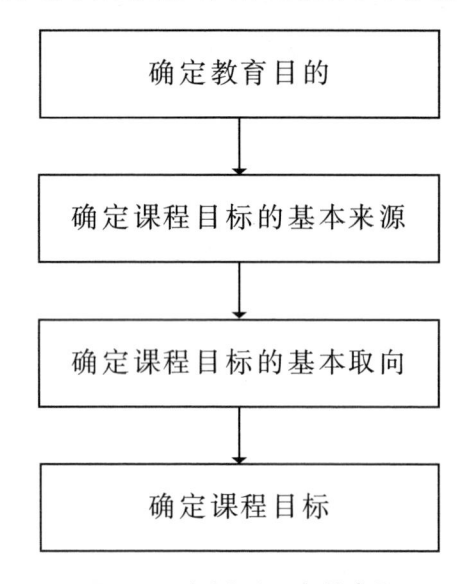

3. 确定课程目标的步骤

确定课程目标的过程，是根据教育目的和培养目标，结合学生、学科等多方面的要求，采用恰当的目标取向，运用需要的评估模式，对学校课程的要求进行分析与判断的过程，具体地说有以下步骤（图1-1）。

```
┌──────────────────┐
│   确定教育目的    │
└────────┬─────────┘
         ↓
┌──────────────────┐
│ 确定课程目标的基本来源 │
└────────┬─────────┘
         ↓
┌──────────────────┐
│ 确定课程目标的基本取向 │
└────────┬─────────┘
         ↓
┌──────────────────┐
│   确定课程目标    │
└──────────────────┘
```

图1-1　确定课程目标的步骤

(二)不同阶段的历史课程目标

历史课程目标是对历史这门课程学习的总体要求，历史课程目标可分为课程总体目标和课程具体目标两个层次。

1. 义务教育阶段的历史课程目标

(1)义务教育历史课程的总体目标

义务教育阶段历史课程的总体目标的定位包括以下几方面。

第一，通过历史课程的学习，学生获得历史基本知识和技能，初步了解人类社会历史发展的基本过程，逐步学会用历史唯物主义观点分析问题、解决问题。

第一章　认知课程：历史课程概说

第二,增强爱国主义情感,继承和发扬中华民族的优秀文化传统,树立民族自尊心和自信心。

第三,初步形成正确的国际意识,理解和尊重其他国家和民族所创造的文明成果。

第四,学习和继承人类的传统美德,从人类社会历史发展的曲折历程中理解人生的价值和意义,逐渐形成正确的世界观、人生观和价值观。

义务教育历史课程这一总体目标使历史教师明确了义务教育历史课程的性质,知道义务教育历史课程是一种公民教育和人格教育,注重培养学生良好的品德和健全的人格。

(2)义务教育历史课程的具体目标

义务教育历史课程的具体目标可分解为知识与能力、过程与方法、情感态度与价值观三个层面,通常简称为"三维目标"。

①知识与能力目标

知识与能力目标旨在让学生的学科基本素质得到全面提高,具备进一步发展的潜能。根据义务教育阶段学生的心理特点和认知水平以及义务教育阶段的培养目标,义务教育历史课程目标要求学生首先要掌握基本的历史知识。对这些基本历史知识的了解,将使学生初步了解人类发展的基本过程,为进一步理解人类历史发展的规律奠定必要的知识基础。在学生掌握基本历史知识的过程中,教师要有意识地培养学生的基本技能,如确立正确的历史时空概念,掌握正确计算历史年代、识别和使用历史图表的能力,通过多种途径获取并处理历史信息的能力,陈述历史问题的表达能力以及历史的想象、迁移、归纳、分析等基本能力。

②过程与方法目标

过程与方法的历史课程目标要求历史教师不仅要关注学生的学习结果,更要关注学生的学习过程,以培养学生的科学素养、科学方法和实践能力,促进学生的全面发展。另外,义务教育历史课程还特别强调从根本上改变学生的学习方式,提出了探究式等以学生为主体的学习方法,使学生学会用历史的眼光来分析历史与现实问题。

在过程与方法目标上,义务教育历史课程目标实际指出了学习历史的过程应包含四个阶段。

第一,通过各种教学活动,让学生感知历史。

第二,通过教学让学生不断积累最基本的历史知识。

第三,通过基本的技能训练和思维方法的训练与培养,使学生能对客观的历史过程形成主观的理解和认识,培养其观察历史现象的科学态度和做出较为正确的解释的能力。

第四,在学生体验、学习、理解和认识人类历史发展的过程中,形成对民族、国家和人类历史发展的认同感,确立正确的情感态度与价值观。

③情感态度与价值观目标

历史课程目标强调学生在学习历史知识的过程中,要学会学习,学会做人,注重人文素养和科学精神的培养,要求对多元文明成果理解与尊重,突出体现了历史课程的教育功能和社会功能。在该目标中更加注重人文素养和科学精神的培养,特别体现出历史学科的教育功能,强调把历史教育的社会教育功能与人的发展教育功能结合起来。

2. 普通高中的历史课程目标

（1）普通高中历史课程的总体目标

普通高中历史课程是在义务教育历史课程学习的基础上,选择不同的角度,通过专题式学习,使学生深入了解人类历史上的重大事件、历史人物和历史现象中所蕴含的丰富历史文化遗产；进一步揭示人类历史发展的基本过程,培养和提高学生的历史意识、文化素质和人文素养,促进学生的全面发展。从这个意义上来说,普通高中历史课程仍然是一门对公民进行素质教育的基础型课程,但同时它又同义务教育历史课程有所区别,这个区别就是要为学生进入高一级院校学习和走向社会提供一个必要的平台。因此,普通高中历史课程的总体目标定位包括以下几方面。

第一,使学生学会用科学的历史观分析问题、解决问题。

第二,使学生了解人类社会发展的基本脉络,总结历史经验教训,继承优秀的文化遗产,弘扬民族精神。

第三,使学生养成健全的人格,促进个性的健康发展。

第四,使学生学习从历史的角度去了解和思考人与人、人与社会、人与自然的关系,进而关注中华民族以及全人类的历史命运,为学生进入更高层次的学习和走向社会奠定必要的人文社会科学基础。

（2）普通高中历史课程的具体目标

与义务教育历史课程的具体目标一样,普通高中历史课程的具体目标也可以分为知识与能力、过程与方法、情感态度与价值观"三维目标"。

①知识与能力目标

普通高中历史课程的知识目标是在义务教育的基础上,进一步认识历史发展进程中的重大历史问题,包括重要的历史人物、历史事件、历史现象和历史发展的基本脉络。这一具体知识目标的构建与义务教育历史课程相比,有以下三个明显特点。

第一章　认知课程：历史课程概说

第一,知识的呈现采取分类集中的办法。

第二,知识古今中外贯通。

第三,知识点的层次有所提升。普通高中历史课程的知识点中往往包含着若干更小的知识点。

普通高中历史课程专题学习中的"知识内容"目标主要由具体的历史史实和抽象的历史认识两部分构成,它包括三方面的主要内容。

第一,具体的历史史实,包含时间、地点、人物和事件等基本元素。

第二,基本的历史概念,历史概念是通过抽象的概括而形成的对历史人物、历史事件、历史现象等的本质属性的反映。

第三,基本的历史线索和规律,包含历史事件的因果关系、历史发展阶段的内在联系以及对人类社会发展趋势的预测。

历史技能可分为显性技能和隐性技能,前者包括绘制历史地图、表格等技能,后者涉及阅读历史材料、整理历史知识、编制历史图表、表述历史等技能。历史技能目标的水平层次可分为初步掌握、熟练掌握、正确运用三个层次。需要特别强调的是,获取有效的历史信息对学生学习历史至关重要。学生具备了获取历史信息的技能,就能广泛地涉猎历史,对历史进行有效学习。

在高中历史学习过程中,知识和能力目标虽然相对独立,但更表现为互相渗透、互相融合、相互促进、不可分割的统一体。一定的知识总是和一定的能力相结合的,知识的获取及呈现都伴随着相应的能力。同样,能力的获取及呈现也都伴随着相应的知识。一定的能力是学生获取知识的必要条件,一定的知识是能力形成和提高的基础。

②过程与方法目标

普通高中历史课程的过程与方法目标是进一步认识历史学习的一般过程。学习历史是一个从感知历史到不断积累历史知识,进而不断加深对历史和现实理解的过程,也是主动参与、学会学习的过程。高中历史的学习过程主要包括以下一些具体目标。

第一,使学生对人类历史发展中的几个主要领域有一个较为深入的了解,从而使其初步掌握某个历史领域的发展过程及特点等。

第二,在初中历史学习的基础上,逐渐积累一些较高层次的历史知识,对人类的历史活动有一个较为准确的了解和把握。

第三,通过进一步的技能训练和思维方式的训练与培养,使学生逐渐形成观察、分析历史问题的能力。

第四,在体验学习历史的过程中,形成对民族、国家和人类历史发展的认同感,确立正确的情感态度与价值观。

过程与方法目标实现的过程应是学生体验学习并学会学习的过程，应是学生思想和行为发生改变的过程。学生能够经常性地参与学习过程，就容易学会有效的学习方法。

③情感态度与价值观目标

普通高中历史课程和义务教育历史课程的情感态度与价值观目标都把培育学生的民族精神和爱国主义情感放在了首位。在义务教育阶段，历史课程主要要让学生形成健全的人格、科学的态度和一定的国际意识。在普通高中教育阶段，历史课程则特别强调学生对人文主义精神的理解，并首次提出要关注对学生"历史意识"的养成目标。这就要求历史教师通过历史课程的教学，培养学生树立以人为本、善待生命的人文意识，健康的审美情趣，积极进取的人生态度，相互合作的团队精神和交往能力，求真求实的科学态度，国际视野、关注全球文明和开放的世界意识等。使学生养成和树立科学的历史意识（人类在文明发展过程中产生的对自身历史的记忆和描述，并在求真求实的基础上总结经验，吸取智慧，进而把它用于现实生活的一种观念和要求），是高中历史课程"情感态度与价值观"目标的亮点。

二、历史课程的结构

（一）义务教育阶段的历史课程结构

1. 通史式的历史课程结构

针对传统历史课程结构的弊端，义务教育历史课程最终选择了分设中国历史、世界历史的通史式课程结构。在义务教育历史新课程中，七、八年级开设中国历史课程，九年级开设世界历史课程，同时按照历史发展的时序性来编写中国历史和世界历史课程内容。通史式课程结构的设置，兼顾了历史发展的时序性和学习内容的内在联系，反映了历史学科的特点，有利于义务教育阶段的学生对历史知识的总体把握。

2. 分科课程与综合课程并存的历史课程结构

教育部在《基础教育课程改革纲要（试行）》中为新课程改革提出了思路，即"改变课程结构过于强调学科本位、科目过多和缺乏整合的现状，整体设置九年一贯的课程门类和课时比例，设置综合课程，以适应不同地区和学生发展的需求，体现课程结构的均衡性、综合性和选择性"。因此，义务教育阶段的历史课程分为分科型的"历史"和综合型的"历史

第一章 认知课程：历史课程概说

与社会"两门课程，不同地区、学校可以根据学校的实际情况进行选择。从各地对课程的选择来看，选择分科的历史、地理课程的较多，选择综合文科课程的较少；有的地方或学校开始选择的是综合课程，要么实施一段时间就放弃了，要么实际上仍是分科教学，形成了所谓的分科教师"协同教学"的局面。综合文科课程的实施陷入了一种十分尴尬的境地。

综合型的"历史与社会"课程与分科型的"历史"课程，只不过是历史课程结构的形态问题，它们都可以承载历史教育的任务，没有孰优孰劣之分。选择综合型"历史与社会"课程还是分科型的"历史"课程，在现行的条件下，受到了诸如历史教师的知识结构、能力水平和其他物质条件的限制，而教育观念、课程理念的转变是首要的问题。随着社会的发展和进步，历史学科的地位在课程整合的大趋势中应逐步加强。因此，我们可以在保持历史教育好传统的前提下，大力推行历史课程结构的综合化，力求分科型"历史"与综合型"历史与社会"两门课程并存。

（二）普通高中的历史课程结构

1."学习领域+科目+模块"式的课程结构

普通高中课程结构由学习领域、科目、模块三个层次构成。在这三个层次中，上层为学习领域，学习领域下设学科科目，科目下设模块，学习领域、科目、模块构成了新的高中课程的基本结构。

作为普通高中课程结构第一层面的学习领域，是由课程价值相同或相近的若干科目构成的。学习领域的设置旨在更好地体现课程综合化的趋势，有益于学生综合素质和健全人格的养成。作为普通高中课程结构第二层面的科目，是学校课程体系中的基本单位，是学校课程开发和学生学习的主要平台。作为普通高中课程结构第三层面的模块，是构成科目的基本单位，是科目开发的主要平台和学生学习内容的主要载体。将科目分解为模块，是普通高中课程结构改革的重大举措。每一个模块都有明确的教育目标，并围绕特定的主题内容，对学生的经验和社会生活等内容进行整合，构成相对完整的学习单元；每一个模块都有对教师的教学行为和学生的学习方式的要求；模块之间既相互独立，又反映了学科的内在逻辑联系；所有的模块都被赋予相应的学分；所有的模块都有必修与选修之分，其中选修模块在数量上超过了必修模块，使课程呈现出多样化的特征。普通高中课程结构的改革必须整体地、协调地考虑上述三个层面。

2. "模块+专题"式的历史课程结构

根据基础教育课程改革的要求,普通高中历史课程结构采用"模块+专题"式的课程结构,旨在构建多样化和适应学生全面而有个性发展的课程体系。"模块+专题"式课程结构为历史教师与学生的经验介入课程提供了课程环境,为师生主动参与课程开发及课程实施提供了前提条件,致使学术性、探究性内容与生活性内容融会贯通,互为提升。另外,"模块+专题"式课程结构为历史学科以及其他人文社会科学的最新研究成果以及重大热点问题及时融入课程创设了空间,也为历史课程内容的不断更新奠定了基础。"模块+专题"式的历史课程结构符合高中学生历史学习的特点,有利于学生综合分析问题能力的提高。

第二章　把握资源：历史课程资源研究

课程资源是我国在跨世纪的课程改革中提出来的一个重要概念，是依据世界当代课程理念形成的新认识。历史课程资源是指形成历史课程的因素来源以及必要而直接的实施条件，在教学实施中也称为"历史教学资源"。历史课程资源包含的范围很广，既包括历史教科书这一为人所熟知的核心资源，也包括大量非物质性的课程要素和实施条件。

第一节　历史课程资源的内涵

一、历史课程资源的含义

课程资源的原意是指构成课程资料的来源。作为课程资料，课程资源从其本质上说，可分为天然的和再生的。课程资源的含义有广义和狭义之分。广义的课程资源指有利于实现课程目标的各种因素，它是形成课程的要素来源以及实施课程的必要而直接的条件。狭义的课程资源仅仅指形成课程的直接来源。目前，我国基础教育改革中提倡的课程资源的开发和利用指的是广义概念。

历史课程资源是课程资源的重要组成部分，是指构成历史课程资料的来源，即有利于实现课程目标的全部因素和课程内容的来源，它是实现课程编订、实施课程的基础和前提条件。历史课程资源也有广义和狭义之分。从广义上来说，历史课程资源是指有利于实现历史课程目标的各种素材和条件，包括教科书、历史文献、历史遗存、社区家庭、图书馆、学校环境、网络等物力资源，也包括史学研究者、教学研究者、历史当事人、家长、教师和学生等人力资源。从狭义上来说，历史课程资源是指所有构成历史课程的直接因素，一般仅指教科书、教学参考书等资源。

在教学实践中，教师对历史课程资源的理解和运用远远超出了狭义的课程资源定义，而是遵循广义的课程资源定义。

二、历史课程资源的分类

根据不同的标准,可以将历史课程资源分为不同的类型。

(一)根据空间分布进行分类

根据空间分布,可以将历史课程资源分为校内课程资源和校外课程资源。

1. 校内课程资源

校内课程资源主要包括学校内的各种可以满足历史课程需求的场所、设施、人力和活动,如学校图书馆、历史教室、计算机教室、历史教师、历史展览、历史讲座等。

2. 校外课程资源

校外课程资源主要包括家庭、社区、社会各种可以满足历史课程需求的场所、设施、人力和活动,如博物馆、图书馆、档案馆、历史学家、历史亲历者、历史参观、历史考察、历史访问、历史模拟等。

(二)根据呈现方式进行分类

根据呈现方式,可以将历史课程资源分为文字资源、实物资源、活动资源、信息资源等。

1. 文字资源

文字资源主要包括历史文献、历史教材、各类历史书籍等。

2. 实物资源

实物资源主要包括历史实物、历史遗迹和历史模型,各类历史图片、音频、视频资料等自然物质和后天制作的物品。

3. 活动资源

活动资源主要包括历史参观和考察、历史访问、历史模拟等。

4. 信息资源

信息资源主要包括以计算机网络形式为载体存在的历史信息,如互联网上的历史网站、历史资料数据库、历史档案网站等信息,计算机历史教学辅助软件、多媒体历史课件、远程历史教学等。

第二章 把握资源：历史课程资源研究

（三）根据功能进行分类

根据功能,可以将历史课程资源分为素材性课程资源和条件性课程资源两大类。

1. 素材性课程资源

素材性课程资源是指作用于历史课程并能够成为历史课程的素材或来源,如历史教材,图书馆、档案馆和博物馆中的图文音像资料,家庭、社区中的历史资料和历史遗存,师生已有的经验,学生的历史技能,历史教学目标等,都属于素材性课程资源。

需要注意的是,素材性资源并不能直接构成课程,它只是备选材料,只有经过加工并付诸实施时才能成为课程资源。

2. 条件性课程资源

条件性课程资源是指作用于历史课程却并不形成历史课程本身的直接来源,但它在很大程度上决定着历史课程实施的范围和水平,如历史课程实施的人力、物力和财力,历史教学顺利开展的时间、场地、设备、设施和环境,学校领导、教师、学生对历史课程的认识和重视程度等,都属于条件性历史课程资源。

（四）根据承载方式进行分类

根据承载方式,可以将历史课程资源分为文本资源、非文本资源和网络资源三大类。

1. 文本资源

文本资源是指与历史课程和教学有关的以印刷品、磁带、磁盘、胶片、光盘等方式保存或复制的图像、文献、音像资料。

2. 非文本资源

非文本资源是指除文本资源以外的以实物、遗存、记忆、民俗、民风等方式保存的资源。此外,还包括学生、教师以及其他与历史课程有关的人力资源。

3. 网络课程资源

网络课程资源是指与历史课程有关的以网络为承载和传输媒介的各类信息,主要包括历史专业知识资源、历史教学资源和其他各类可以利用的信息资源。

（五）根据存在形态进行分类

根据存在形态，可以将历史课程资源分为静态历史课程资源和动态历史课程资源两类。

1. 静态历史课程资源

静态历史课程资源是以静止状态存在与呈现的历史课程资源，主要包括历史文字资料、图像资料、物化的历史遗存等资源。

2. 动态历史课程资源

动态历史课程资源是以运动状态存在与呈现的历史课程资源，主要有历史音像、历史网络、师生经验、民俗资料等资源。

需要注意的是，静态历史课程资源和动态历史课程资源的划分并不是截然相对的，而是存在一定交叉的，如历史网络资源，既可划归到动态历史课程资源，也可划归到静态历史课程资源。

除以上几种分类外，还可以根据存在方式将历史课程资源划分为显性课程资源和隐性课程资源。

总之，历史课程资源非常丰富，种类有很多，在历史课程的教学中发挥着不同作用，是历史课程得以顺利实施并达到预期目标的可靠保证。

三、历史课程资源的基本属性

（一）多样性

之所以说历史课程资源具有多样性，是因为在历史教学中可以利用与开发的课程资源是多种多样的，既有来自自然界的，如森林、河流等，也有来自社会的，如社区、企业工厂等；既有显性的，如教材、文物、历史遗迹等，也有隐性的，如献身精神、奉献精神等；既有人力的，如教师、学生、专家学者等，也有物质的，如实验仪器、历史地图等；既有文字的和实物的，如书籍、资料等，也有活动的或信息的，如影视作品、网络资源等；既有校内的，如图书馆、实验室、资料室等，也有校外的，如展览馆、博物馆、爱国主义教育基地等。

第二章　把握资源：历史课程资源研究

（二）具体性

虽然历史课程资源具有多样性的特点，但任何课程资源都因地域、文化传统、学校等差异而不同，因此课程资源又具有具体性的特点。这种具体性表现在以下几方面。

第一，在不同的地域下，可以开发和利用的课程资源不尽相同，其构成形式和表现形式也有所不同，如革命老区可以重点开发红色旅游资源，而历史古都则有较多的文物资源。

第二，在不同的文化传统背景下，人的道德意识、价值观念、风俗习惯等具有独特性，相应开发出来的课程资源也各具特色。

第三，学校性质、规模、位置、经济力量、传统以及教师素质的不同，也使得学校和教师开发利用课程资源的范围、力度等有所差别。

（三）潜在价值性

历史课程资源的开发和利用是密切联系在一起的，开发是利用的前提，利用是开发的目的，而开发的过程也包含着一定的利用。因此，从这个意义上说，一切可能的课程资源都具有潜在价值性。也许在一段时期内，某种课程资源还不能为课程所利用，没有被充分地开发出来，但随着时间的推移、学科课程的发展等，这一课程资源的优势和可利用性可能越来越突出，进而成为新的课程资源，被利用和开发。

四、历史课程资源的功能

历史课程资源具有显著的功能，概括来说主要包括以下几方面。

（一）有利于提升历史教育观念

新教材观凸显了开发与利用历史课程资源在提升历史课程与教学中的重要性。强调课程资源的地位和作用是新课程改革中的一个亮点，需要引起我们足够的重视。

（二）有利于拓展历史教育内容

历史课程资源与历史课程紧密相关，没有历史课程资源也就没有历史课程，历史课程一定会以一定的历史课程资源为基础。历史课程资源的外延范围远远大于历史课程本身的外延范围。历史课程实施的范围和水平取决于历史课程资源的丰富程度和历史课程资源的开发与运用水平。

(三)有利于改革历史教育方法

对于历史教师来说,不仅校本课程的开发需要大量课程资源的支持,而且实施国家课程和地方课程也离不开广泛的课程资源的支持。特别是综合实践活动,课程名称和课时虽然是国家规定的,但具体实施的内容和形式则完全要由学校来决定,这就需要对历史课程资源有充分的认识和便捷的获取途径。否则,课程改革中的许多目标都无法顺利完成。

(四)有利于改革历史课程模式

为了增强课程对地方、学校和学生的适应性,新课程改革不仅设置了包括国家课程、地方课程和校本课程的国家基础教育课程的新模式,而且强调学校和教师创造性地实施新课程,形成具有良好适应性的丰富教学模式。这些课程改革目标的实现在很大程度上取决于课程资源的状况。所以,历史课程资源对改革历史课程模式具有重要作用。

第二节 历史教材概述

一、历史教材的含义

关于历史教材的含义,有广义与狭义之分。从广义上来说,历史教材是指在教学活动中所利用的一切素材和手段。确切地说,广义上的历史教材是指根据一定的历史教学目标、采取一定的组织形式来呈现历史教学内容的所有历史教学材料的总称。由于教学活动是教师的教和学生的学的双边活动,因而广义上的教材既包括教师在教的活动中所使用的素材和手段,也包括学生在学的活动中所使用的素材和手段;既包括课堂教学所使用的素材和手段,也包括在教师指导下学生进行课外活动所利用的与教学内容相关的素材和手段。其中,教科书、讲义、讲授提纲是教材整体中的主体部分。从狭义上来说,历史教材就是指历史教科书,是根据教学大纲或课程标准编制的系统地反映学科内容的教学用书。教科书是学生在学校获得系统知识、进行学习的主要材料,它可以帮助学生掌握教师讲授的内容,便于学生预习、复习和做作业,是学生进一步扩大知识领域的基础。同时,教科书是教师进行教学的主要依据,它为教师备课、上课、布置作业以及评定学生学习成绩提供了基本材料。由于历史的原

第二章　把握资源：历史课程资源研究

因,当前我国中学各学校依然习惯于称教科书为教材。本节主要对狭义的历史教材,即历史教科书的相关知识进行研究。

二、历史教科书的作用

理想的历史教科书应该具有以下几方面的重要作用。

(一)连接教师与学生的桥梁

历史教科书是联系教师与学生的桥梁,在历史教学中,教学活动主要是围绕历史教科书展开的。当然,由于历史教科书的类别不同,它们在历史教学活动中所起的作用也不尽相同。历史教科书承载了该学科的基础性内容,是展开该学科教学活动的主要桥梁,但切不可将教科书当成学科及学科教学的基准,更不可将历史教科书作为历史教学的唯一工具。历史教学的各种辅助材料是直接为历史教学活动服务的,同样是巩固历史教学效果的重要材料。

(二)能够提供学生学习的范例

课程改革强调使学生形成积极主动的学习态度,使学生获得基础知识与基本技能的过程同时成为学生学会学习和形成正确价值观的过程。这就意味着历史课程的教学过程应成为师生之间利用各种手段积极互动、相互交流、共同探究的过程。因此,教科书不再是课堂教学的全部内容,而是为顺利展开教学活动提供的一种范例和素材,使师生能够以其为基础,积极主动地开展教学活动,在理解和建构教材内容意义的基础上获得知识与技能、过程与方法、情感态度与价值观的全面发展。

(三)有助于促进学生正确价值观的形成

价值观是指一个人对自身及其与自然、社会和他人之间的关系的整体认识。正确的价值观主要表现为对自然的关爱、对社会的责任感以及善于合作、积极进取的科学态度等。传统教科书由于过分注重对学科知识的系统陈述,忽视了课程内容与社会生活的密切联系,往往使历史学科教学中的价值观教育流于形式。新课程改革在课程内容选择上重视历史与社会的密切联系,让学生感受历史知识对个人生活和社会发展的贡献,树立人与自然和谐相处的观念;帮助学生学会做人,养成责任心,产生社会归属感;帮助学生理解人的内在精神和外在行为是如何作用于人类社会、文化发展的;借助丰富的历史事实、材料锻炼他们思考、理解、分析社会问题,准确表达个人的想法,形成正确的人生观、世界观和价值观。

(四)能够促进学生学习方式的转变

学习方式是指学生在完成学习任务过程中基本的行为和认知取向。学生学习方式的形成受多种因素的影响,其中教科书作为学生主要的学习资源和直接作用的对象对学生的学习方式具有重要的指导作用。传统的以传授知识为中心的教科书,其内容主要是以定论的形式直接呈现出来的,学习就是记忆和理解这些定论,学生参与学习活动的主要方式就是听讲、记忆、做习题。课程改革以转变学生的学习方式为突破口,倡导自主、合作、探究的学习方式,要求充分调动学生参与学习的积极性和主动性。教科书在内容的呈现上应注重展现知识获得的过程和方法,联系学生已有的知识和经验,努力创设真实的问题情境,引发学生的认知冲突,激发学生的探究欲望,引导学生通过多种多样的探究活动,在独立思考、解决问题的过程中,通过深层次的认知参与,自主地获得知识,并学会收集、加工和处理信息的科学方法,从而促进学生学习方式的转变。

(五)能够引导学生进行自我反思与评价

课程改革倡导以学生发展为本的评价理念,重视引导学生进行自我反思与评价,充分发挥评价对学生的激励、促进和发展功能。自我反思与评价充分调动了学生的主体性,有助于提高学生自我学习与发展的意识和能力。通过对历史教科书的学习,学生可以从中得到自己想获得的知识,也可以从一些历史人物及事件的学习经验中获得一些有利于自我反思和评价的知识,如果学生能够做到经常自我反思和评价,那么其科学素养将会得到全面、健康的发展。

三、历史教科书表述的要求

历史教科书表述的基本要求主要包括以下几点。

(一)真实

历史教科书是历史教育的主要用书,其表述必须真实可信。只有这样,历史教科书才能在教学中真正发挥出其作用,才能真正为落实教学目标服务。如果一部历史教科书在真实性上出了问题,在教学中产生的严重后果是可想而知的。要想达到历史教科书表述的真实性,必须要做到以下两点。

第一,教科书的编者不仅要有科学、严谨的态度,还要具备高尚的思想感情,在表述各种具体的历史内容时,不能掺杂个人的偏见。

第二,对内容的表述要恰当,如果表述不恰当,仍达不到真实性的效果。

(二)生动

生动是指教科书的具体表述要言之有物,有感人的生活气息。这样的历史教科书让学生读起来才能具有引人入胜的效果。但需要注意的是,在历史教科书的编写中,不能把对生动的要求简单地理解为只是大量地使用华丽辞藻和堆砌形容词。

(三)凝练

作为历史教科书,从其在教学中的职能、作用和具体使用的方式来看,应以简为主。要做到这一点,不仅需要在教科书的文字上下功夫,而且在对史事的看法、对材料的取舍上也都需要付出极大的功力。

四、历史教科书应具有的特点

历史教科书是学生在校时的学习用书。因此,历史教科书应该具有以下几个特点。

(一)具有历史感

历史感是指人们在观察和认识历史时,既不能脱离历史,也不要割断历史,而是要把问题放到一定的历史范围之内,从当时的历史环境去考察和认识。历史感也是历史教学中经常遇到并需要处理的一个复杂问题。一部历史教科书,制约其质量与水平高低的因素有许多,但首先是历史感的问题。作为一部历史教科书要具有浓重的历史感,其核心就是一定要坚持言之有据,用史实说话。历史教科书的主要内容是人类对客观历史已形成的认识,即史学的研究成果,但教科书在具体反映这些内容和成果时,又不能简单地采用各种形式照搬,使用抽象的公式化的文字进行概括,而是要通过运用各种史料对这些成果进行"复原",以增强教科书内容的历史感。这种"复原"应该注意以下两点。

第一,适当选用各种原始材料,如历史文献记载、考古材料、历史遗物和遗址材料等,对教科书的基本内容根据各种史料反映、记载的史实加以具体叙述。

第二,对各种历史问题做出的结论要全面,实事求是,不能任意拔高或贬低。

(二)具有时代感

时代感主要包括时代性和国情,在历史教科书中要充分体现时代感,必须要做到以下三点。

第一,实事求是地反映历史面貌。从时间上看,历史与现实虽然属于两个范畴,但是它们二者之间联系紧密,没有不可逾越的鸿沟。因此,历史感和时代感不仅联系密切,而且相互依存,如实地反映历史本身状况,正是时代性和国情的最好体现。

第二,历史教科书要从历史发展的角度入手,实事求是地对各种历史问题做出科学的评价和结论,以有利于学生学会从立足于现实、着眼于未来的高度,总结历史的经验和教训。

第三,教科书要反映历史的不同时期,人类为了更好地发展不断探索的具体内容,以有助于培养学生的探索创新意识、知难而进的坚强意志和全面思考社会问题的能力。

(三)体现科学精神

历史教科书要充分体现科学精神,必须要做到以下两点。

1. 充分吸收和利用史学研究中不断产生的新成果

要充分吸收、利用史学研究中不断产生的新成果。随着历史研究的科学化进程逐渐加快,当代史学的新研究成果不断涌现。这些新成果主要包括三个方面的内容。

第一,人们的历史观念在不断更新,在此基础上,人们对整体历史的认识不断深入,更加科学。

第二,对各种具体历史问题的研究屡有突破,硕果累累。

第三,考古学、古人类学的成绩卓著。

为了使历史教育的功能更充分地发挥出来,历史教科书必须要跟上史学发展的步伐,其内容要接近科学真理的新研究成果,只有这样才能适应社会发展不断对历史教育提出的各种需求。

2. 历史教科书的编写要实现科学化,体现科学精神

历史教科书是学生学习历史的主要用书。因此,从其体系、体裁到内容选材,从结构形式到文字叙述,都需要精心设计,以既符合历史科学的

要求和规范,又适合教育、教学及学生全面发展的需要。

(四)具有可读性

既然是学生用书,历史教科书首先要让学生爱看、爱读。只有做到了这一点,教科书的其他功能才能发挥出来。一部历史教科书要编写得让学生爱看、爱读,必须要做到以下几点。

1. 选材得当

这里所说的选材得当主要是指所选的材料要适合学生的理解水平和阅读水平。

2. 内容的编排形式要丰富多彩

实践证明,如果历史教科书的内容编排形式丰富多彩,就会引起学生学习的兴趣,学生就会喜欢学。

3. 文字表述要生动和有趣

历史教科书要求文字表述不仅要严谨、简洁,更应该生动、活泼。只有这样,历史教科书才能吸引学生,使学生乐于读它。

五、历史教科书的发展方向

(一)增加自主学习的材料

历史学习不是为了让学生简单地拥有知识,而是在对历史的解读中获得愉悦的精神情感、体验和道德上的进步。所以,历史教科书应让学生在与文本对话的过程中自己思考问题、寻找答案,思想受到启发,从中获得积极的人生品质。

教科书有利于学生学习的真正含义,应该是能够引发其深入思考,有利于他们自主学习思维的展开,有利于师生在课堂上开展创造性活动。学生是学习活动的主体,历史教科书是学生获得历史基础知识、发展能力以及形成健康向上的情感价值观的主要工具,而且历史教学目标是要落实到学生身上的,历史课本一定要形象生动,切合学生的年龄特征和思维特点,激发学生的学习兴趣。因此,历史教科书一定要增加一些自主学习的材料,这样才能顺利地实现教学目标。教科书的编写要注意对各种不同见解的材料的提供。历史教科书引用的材料可以不拘一格,不必拘泥于第一手的史料,也可以是第二手史料或图画材料。

（二）选择范例性主题内容

历史教科书以范例主题的形式进行编写，主要指按照历史发展顺序，以专题的形式进行编写，这有利于创造一种历史情境和问题情境。典型范例的选择不是随意的，要遵循下列要求。

第一，范例应是历史课程标准规定的基础知识内容。

第二，范例内容中含有史学争鸣的知识，便于学生多元理解和探索学习。

第三，范例知识蕴含的教育目标与课标规定的目标大体吻合。

以范例主题形式叙述，并不反对教科书对历史一般知识的概括叙述。范例性教学论强调的是让学生学到学科的系统思想，当前国外历史教科书的一个显著特点即体现了范例性课题原则。课程标准明确要求教材内容淡化学科体系的完整性，内容选择应体现时代性，增加贴近学生生活、贴近社会的内容，以利于学生的终身学习。实现这些要求，应该从学生的生活经验出发，从激发学生学习历史的积极性出发，从引发学生提出问题、促进学生思考和探究出发，在历史教科书中有意识地突出某些专题或课题，通过范例性的内容和材料，为学生体验学习创造机会，将知识、能力、情感目标通过体验学习有机结合起来，以利于师生在教学中互动和合作学习。

（三）努力使历史教科书符合学生的心理认知水平

历史教科书在设计时不能只关注课程标准的要求，还要考虑社会需求及学生的特点。越来越多的学者主张以学生的兴趣、动机和需要为中心设计课程，历史教科书的编写并非把历史的原貌照搬照抄到教材上来，它有一个根据学生认知、身心、年龄等实际对大量历史素材进行选择性的取舍、加工、改造的过程，只有经过这些程序，历史才能最终成为学生历史学习的教材。教科书的编写不能只从编写者的角度出发，远离学生生活实际。教科书的编写要有助于学生在阅读文本的基础上，再进一步探讨问题或者通过探讨问题引起学生进一步阅读文本的兴趣。教科书要把历史与现实生活世界联系起来，选取历史事件中可以启迪思维、诱发真知、弘扬正气等的核心镜头，使学生感受到历史知识学习的意义和作用，以提升学生的眼界，丰富他们的思维方式，增加其学习的兴趣。

第二章 把握资源：历史课程资源研究

（四）进一步减少结论性的叙述

历史作为一门科学，其特征在于学习者与它的对话活动是在间接推理中进行的。历史不是一种简单的定论，而是帮助学生建构自己的理解。如果教科书选择某一所谓"定论"，直接告诉学生事件、现象发生的原因及其影响意义，就会阻碍学生的思维。即使教师在教学中提供一些其他材料，由于首因效应的影响，也会使多数学生难以跳出教科书"定论"的束缚。所以，历史教科书的编纂要大胆地将许多事件的背景、影响的结论叙述删去，代以大量的、矛盾的史料或材料，自然地创设一个探究情境，以利于学生自行思考并推理出结论。结论的不确定，需要师生在教学中互动探究，以利于学生进行体验学习，形成个人见解，逐渐内化成正确的人生观、世界观与价值观。

（五）要有利于学生的体验学习、感悟学习

历史教科书在编写上要体现出有助于教师采用人文教育的方式，人文教育的方式是一种置身于生活中的生命体验，面对复杂的历史情境自己去感悟、思索。所以，教科书的编写应有利于学生学习时应用体验学习的方式，使学生在学习时能够主动地渗透到事件内部并探测它们所表达的思想，在内心中重演、体验，用历史人物本身的眼光看问题，用历史人物的信仰和原则去评价其行为，进而形成自己对文化的理解与价值判断。具体来说，要做到有利于教师采用人文教育的方式必须要注意以下几点。

第一，教科书的编写要富有情节性，要有利于学生构建情感教育的目标与民族文化的认同。抽象干瘪、毫无情节的历史教科书，显然无法使学生对传统的文化有很好的理解。

第二，做到便于学生探究与创造性的体验。学习是围绕理解与沟通展开的创造性体验，学习感悟历史亦是如此，尤其是中华文化源远流长，以儒家思想为例，诸如忠恕仁爱之道、四维八德的精神，都需要透过感悟历史加以陶冶，使历史知识内化成人格的特质。只有通过创造性体验，学生才会建立起一种文化上、民族上的归属感。

六、教师在使用历史教科书时应注意的问题

一般来说，教师在使用历史教科书时应该注意以下几点。

(一)以历史课程标准为依据

历史教学不是教材内容的移植和照搬,它特别需要教师的创造加工,将教材内容变成学生学习的教学内容,变成发展学生文化素养的教育内容,赋予材料以生命的活力。所以,教师应该以课程标准为依据,课程标准不仅规范性地确定了学科的教学目标、内容范围,也是教师教学工作的指南,是编写教科书的依据。课程标准强调历史教学要转变学习方式,倡导自主、合作、探究的学习方式,也强调课程要为学生的发展服务。这就要求教师要深刻理解和领会课标的思想和精神,结合本地的实际情况,创造性地组织和进行教学。要确立以人为本的教育观,在教学过程中要考虑到学生是学习的主人,是知识的发现者、探究者。

(二)认真钻研历史教科书

由于教科书是课程资源中一个重要的组成部分,又是学生学习的媒介,因此教师在组织教学内容时必须认真钻研教科书,具体应做到以下几方面。

第一,要从整体上掌握教科书的框架、脉络。教师在进行教学准备的过程中,要对历史教科书的全貌进行了解,搞清楚教科书的整体结构,以便对历史教学的整个过程有全面的设计和安排。

第二,把握教科书中的重点、难点,进而考虑如何设计教学活动,采用哪些教学方法和手段,补充什么样的辅助材料,以便解决教学的重点和克服教学的难点。

(三)分析与重构教学内容

在不少教师看来,教学内容分析就是教材分析,其实这是误解,教材是为教学目标服务的,按课程标准制订的教学目标才是教学内容的中心。教学目标是一切教学活动的中心,它对教学内容的组织起着方向性作用,只有依据明确的目标进行组织才能使教学内容具有针对性、科学性和有效性。因此,要把教学内容的优化与教学目标的优化统一起来。

重构教学内容就是摆脱教科书的局限,将教学内容重新组织、加工和改写,使之形成更易于课堂教学表达的知识结构体系。根据学生的实际水平,增加或补充某些内容,删除某些学生已掌握的内容,突出教学重点,更好地实现教学目标。教师要善于对教科书内容进行研究、加工、变化,通过新的形式反映出来,如叙述比较性的内容可变化成图表、图解、图示的形式;规律性的内容可总结成口诀;深奥、抽象的内容可通过直观教具、投影、自制挂图等形式形象地反映出来;某些枯燥的内容可以通过恰当的举例、巧妙的比喻、幽默的语言描述出来,甚至可以对课本上的图解、图示或现有的挂图进行加工改造。教师还可以在教学中加入自己的知识积累及对历史学科某些内容独特的认识和见解。

第三节 教材外多元资源的整合

在历史课程资源中,除了历史教科书外,还有很多其他资源可以利用。概括来说,这些资源主要包括以下几方面。

一、图书馆资源

作为人文社会科学的历史学科,是伴随着图书资料的占有和使用而发展的,图书馆资源对于培养学生的探究和解决问题的能力具有重要作用。图书馆中涉及的历史教学资源主要有历史文献、历史读物、历史报刊、历史文学及艺术作品等。历史教师要充分利用图书馆来获得更多的历史课程资源,除了需要关注校外公共图书馆资源外,更重要的是要充分利用学校图书馆资源。具体来说,应该做到以下几方面。

第一,与学校图书管理人员合作,了解历史方面的藏书和编目。

第二,在历史类藏书中列出书单,并且做适当的二次分类,如按时序分类、按专题分类、按文献性质分类等。

第三,适当地向学生介绍文献检索的知识,如如何利用二次文献(目录、索引、文摘)和三次文献(包括年鉴、综述)等。

第四,结合课堂教学的有关内容,布置学生查找图书馆的资料,发挥学生的主体作用,使其在课堂上援引说明和论证教学内容所涉及的史论,也可使其援引和描述丰富教学内容所涉及的史实,当然也可以用作业和阶段性测试的手段引导学生利用图书馆资源,写小论文或制作历史专题小报。

另外,在信息化时代,数字化图书馆将会陆续建立起来,数字化图书馆能够在原有图书馆的基础上,扩展其检索和阅览的功能,有利于学生更快地获取和使用信息,它是多媒体信息的呈现,更能引起读者的兴趣。因此,历史教师要努力推动学校在数字化图书馆建设方面的步伐,并且积极去适应这种图书馆的发展趋势。

二、档案馆资源

档案馆保存的档案是人类社会实践的真实记录,也是人类文明进步足迹的真实记录,是史料的重要组成部分。它以文化的积淀感、历史的厚重感见长,文化品位较高,能够使包括学生在内的观众获得充分的历史想象和深度的历史诠释。

档案并不只是一般性的文字记录,它包括自传、回忆录、国家行政档案、官方统计数据、报纸杂志、影像资料、当事人信件、口述历史的采访录音和录音的文字记录等。这些档案资源运用于历史教学中,可以丰富教学中的史料类别,加强学生认识历史的证据意识,使教科书叙述的呈现国家意志的"大历史"获得更完整的理解和诠释。档案资源是历史的活化石,在历史教学中开发和利用档案馆的资源既有必要性,也有可能性。

历史教学中开发和利用档案资源可以划分为基于档案史料讲历史和组织专题档案展两大类别。

基于档案史料讲历史是将档案史料运用到课堂的历史教学中,它以教科书为母本,在教科书所涉及的历史知识之上,运用档案史料佐证历史或重新认识历史,类似于史料教学。其开发和利用的操作步骤为:教师先行了解与教科书叙述的"大历史"(相对地方史而言)相关的档案史料,或者布置学生围绕某方面的历史知识去了解,然后加以抄录、复印、翻拍,再将它们作为新材料、新情境运用到课堂教学中。这在探究与合作性学习中加以运用是最具价值的。

组织专题档案展呈现了社会化功能,它是主动与档案馆联系合作,开发和利用档案史料的校外活动。其操作步骤包括以下几方面。

第一,结合馆藏档案,对展览主题思想进行创意性的策划。

第二,围绕主题选择相关的档案资料,并对已选档案的真伪进行鉴别。

第三,拟写档案展览大纲,在此基础上进行编排,对已选用的档案或其复制品逐件进行分析研究。

第四,撰写展览方案。

第五,编写档案展览脚本。

如果从展览工作全过程来说,还有展厅的美工设计、展览的制作、展览的布置以及展览的宣传、开展以后的组织管理等项工作。

当然,学生所做的主要是配合管理,而且我们能够获得的只是管理部门允许开放的那一部分档案。为加深对档案史料的认识,培养开发和利用档案史料进行历史教学的能力,也可以围绕地方史组织一些课外探究活动,其主要目的是感知档案史料的价值,拓展认识历史的空间,初步了解佐证或丰富历史认识的探究方法。

三、博物馆资源

在世界各地,已有不少博物馆发展成为学生喜爱的"第二课堂"。博物馆教育是以"物"为传授知识的媒介,以对"物"的内涵、外延的认识和接触来诱发学生的感想和思考。历史事件、年份、人名是遥不可及的,但"物"是具体的,因此通过"物"传授历史知识,更易引发学生的兴趣和共鸣。在历史教学中,学校可以根据课程内容选择相关的博物馆,组织学生参观。通过参观和活动,增长知识,补充和巩固在校内学习的知识。开发博物馆历史教学资源的途径包括以下几种。

第一,结合博物馆藏品进行文物知识的普及教育。

第二,结合博物馆藏品有选择地组织一些历史专题教学活动。

第三,与博物馆共同组织征文比赛、历史小报制作比赛等与博物馆资源相关的研究性学习活动。

第四,与博物馆共同组织历史方面的学术报告会。

第五,抓住博物馆举办学术会议或文物展览等活动的机会,在符合学情的情况之下,组织学生参与其中,以扩大学生历史学习的视野。

为了能够更好地开发利用博物馆资源,教师要熟悉当地博物馆的藏品及其他一些文字资料,具有必要的文物知识和一定的鉴赏能力,以便结合教学内容或课程目标,进行博物馆资源的选择和使用,当学生来到博物馆后便能够向学生做科学的、深入的介绍。

四、历史遗迹资源

所谓历史遗迹,是指历史上人类活动留下来的痕迹,包括遗址、窖藏及其他活动痕迹。每一个人类活动的地区都有自己独特的历史面貌,都会留下一定的历史遗迹,有些已经得到了保护,有些可能还处于未被发现的荒野状态,只要有开发和利用历史遗迹资源来进行历史教学的愿望,注意调查和研究,就应该能够发现本地区历史遗迹的存在。

历史遗迹也是历史教学的实物资源,是推动学生进行历史描述和想象、推断和论证的重要载体。开发和利用历史遗迹资源,有利于增强学生对民族文化、地区文化的认同感、自豪感,并培养团队精神。历史遗迹是校外教学资源,对它的开发和利用涉及经费问题、时间和地点的选择问题,这是实施的难点。教师需要与学校教学管理部门以及历史遗迹管理部门进行沟通。在时间问题上,尽量避免占用正常的学校教学时间。在地点选择上,受资金和时间的限制,最好选择距离学校和学生居住地较近的地方。就经费而言,教师可以各显神通,包括与历史遗迹管理部门沟通,争取免费或打折。

历史遗迹资源开发和利用的基本步骤大体可以分为以下三个阶段。

第一,准备阶段。在实地考察之前,教师可以先让学生搜集一些所要考察的历史遗迹的相关资料,这样学生在利用历史遗迹这种资源进行学习之前,已经通过其他形式的教学资源对要考察的内容有了初步的印象,并提出一些疑问,从而更加有目的、有准备地去参与考察活动。

第二,实地考察阶段。要求学生根据已经了解的信息,对照实际情况,进一步了解所考察的历史遗迹的面貌,结合历史背景想象和重构历史。

第三,展示和评价阶段。学生将已经获得的各种形式的资料进行整理,将历史遗迹资源转化为文字、图片等形式予以展示,可以制作成图文混编的展览橱窗,也可以制作成电子幻灯片通过课堂讲解进行展示。这样可以充分发挥学生的创造力,使学生能够充分表达他们对所研究问题的看法。

需要强调的是,历史遗迹资源的开发必须是有针对性的,要在一定的教学目标引领下开展。一般来说,开发和利用历史遗迹资源的教学目标包括以下几方面。

第一,结合所学知识,了解历史遗迹所反映的历史变迁,观察历史遗迹的构成,从而探索和运用历史知识。

第二,通过实地考察,在参与中学习如何运用多种形式的资源来研究和认识问题,掌握历史研究的基本方法。

第三,增强学生学习历史的兴趣,使学生展开历史想象,形成必要的历史认识,同时培养学生的合作精神,增强其对本地区丰富文化的认同感和自豪感。

五、考古学资源

考古学是通过实物资料来研究人类古代社会历史的科学。考古学发展到今天,越来越重视对古代文物和古代遗址等文化遗产的保护、传承、展示和利用。并且,随着时代和研究的发展,考古学的研究资料、技术手

第二章　把握资源：历史课程资源研究

段、方法和理论也在不断发展变化。至于考古学研究的时间范围,其上限一般限定在人类的起源和诞生时期,对于下限世界各国没有统一的规定,中国大体在明清之际,并有逐渐后移的趋势。

（一）考古学的作用

考古学的作用是多方面的,从宏观来看可以归纳为以下几个方面。

第一,在人类诞生以来大部分的时间范围内,考古学是基本的信息来源。所以,在没有文字记载的史前时代,史前史也便等于史前考古学了。认识并科学地阐释人类自身的产生和发展历史、人类早期社会的发展历史,只能依靠考古学。史前时代在考古学上又分为旧石器时代和新石器时代两个阶段。这一时期大到人类起源和发展、农业起源和发展,小到不同聚落的不同人群的生活细节,全部要依靠考古学来获取资料和信息并加以阐释。

第二,对于历史时期的人类社会和历史研究,考古学也能够发挥自己的独特作用。一般来说,中国从秦汉时期开始,传世的历史文献逐渐增多。但传世文献记载的主要是不同朝代社会上层的历史,并且以政治史为主线,而普通的民众和一般的社会情况在历史文献中较少涉及。对于历史时期的考古学研究,在某种意义上可以说,都城重要,普通的聚落可能更重要；王陵重要,而一般的居民墓葬可能更重要。这大约是新史学特别强调平民历史在考古学研究中的体现。因此,要全面地了解和研究历史时期的社会和历史,特别是中下层社会和历史,考古学发挥了重要作用。

第三,研究国家的起源和早期国家的发展,主要依靠考古学。在中国,我们习惯上把对国家起源的研究称为"文明起源研究"。文明社会和国家的产生是人类历史上最伟大的进步之一,这一过程一般认为始于新石器时代,在青铜时代得到广泛发展和进步。因为这一时期没有传世文献或者数量极少,所以这一问题的解决也只能依靠考古学。

第四,考古学可以在一系列关乎人类生存的研究领域发挥独特的关键性作用。对人类历史上各时期环境的研究、复原和重建,是考古学的重要任务之一。随着人类生产力水平的发展和提高,特别是进入农业社会以后,人类创造了生产经济,获取的资源种类和数量不断增多。对这些领域的研究和认识,更是离不开考古学。

（二）考古学的局限性

考古学获取的资料只是人类历史上存在过的资料中的极少一部分,对此可以从三个层面来进行说明和理解。

第一,古代人类各种活动的遗存,并不能全部保存下来,而能够保存于当时地上和地下的,只是其中的一部分。

第二,保存在地上和地下的遗存在存续过程中,相当大一部分被其后不同时期的人类活动或自然因素破坏,而能够一直保存到今天的只是其中的一部分。

第三,我们今天能够通过考古发掘和揭露出来的,只是现在保存的遗存中的极少一部分。

因此,在研究和阐释过程中,要充分考虑到考古资料的上述局限性,以尽量避免出现以偏概全的现象。

除了个别的出土文字资料,作为考古资料的实物所承载的历史信息往往都是隐性的,需要研究者采用一定的理论和方法进行整理、分析和解读,进而重建和阐释人类的古代社会和历史。

考古学资源对于历史课程具有重要作用。

六、历史见证人资源

访谈历史见证人形成的历史往往被称为"口述史"。历史见证人是历史教学中不可缺少的教学资源,尤其是现代史部分的教学。开发和利用历史见证人资源时,一般要在确定了具体的回忆人之后,做好以下五方面的工作。

第一,访谈前的资料准备。只有做好充足的准备才能做到心中有数。

第二,拟出大纲,确定访谈内容。这一步决定访谈能否抓住重点并有序地开展,从而避免盲目性与无序性。

第三,分段进行访谈,每次限于一个主题。这样做的好处是每次访谈的内容集中而不凌乱,受访者也不至于劳累。

第四,录音和文字记录同步进行,特别注重从录音之外的闲谈中获取信息。不经意之谈,因为撤除了正式访谈可能有的掩饰和遮蔽,反而更具史料价值。

第五,将访谈内容整理成文字,完成口述史的文字撰写工作。完成后还得最终经受访人认可。

开发和使用历史见证人这一教学资源,一方面要有章可循,能够操作,另一方面又不是一个简单的史料收集工作。作为采访者的教师和学生在历史素养、职业道德、亲和力及文字能力等方面都要讲究。访谈历史见证人获得的口述史,其实是一份史料,在历史教学中的使用当类似于史料情境教学。

第二章　把握资源：历史课程资源研究

需强调的是，访谈历史见证人是一种收集史料的工作。就历史教学而言，重要的是参与和经历，教师作为学生的引路人，他自己也应该是访谈者。

七、网络资源

网络资源具有以下显著特点。

第一，种类齐全。通过网络，我们足不出户，便能搜索到世界各地的信息资源。

第二，规模庞大。在全球最大的信息资源库中，古今中外的政治经济、军事科技、社会文化、地理人文等信息无所不有，使历史学科拥有了最为广阔的研究视角，既能丰富学生的感知，又满足了教学多样化、个性化的需求，为历史教学营造出生动鲜活的氛围。

第三，资源共享。网络信息的双向传递功能使教师在接受信息后，可随时通过电子邮件等方式向该信息源提供反馈。

第四，灵活方便。历史资源内容丰富，通过相关网站均能实现自由搜索，文字、图像、动画、音频、视频等不同形式都采用了统一编码，网络终端下载后，即可进一步整合开发。

由于网络资源具有以上特征，因而基于信息技术和网络技术的网络资源运用在历史教学上，就具有特别重要的价值。在认识到网络资源能够为历史教学提供实在的"物质"支撑和材料来源的同时，特别值得关注的是，网络上上传的教师的教学设计、教学课件、教学案例以及在虚拟社区进行的疑难求解，能够大大提高备课和上课的教学质量，丰富教师的历史教学策略。利用网络资源实际上是解决如何快捷有效地检索网络资源的问题。

首先，要注重典型性。网络资源中往往重复资源过多，而且知识的密度、层次和涵盖面都不相同，可以在检索中，尽量积累一些有代表性的网站，从而优化自己的检索过程和提高检索的效率。

其次，要注重累积性。一般情况下，在检索到一些重要的信息后，应当养成良好的归类和记录的习惯。定期浏览自己曾经浏览过的网站，查看其更新情况也是累积网络资源的重要措施。

最后，要注重需求性。网络信息资源众多，要按需检索，可以采取关键字查询和搜索引擎查询的对策。

历史教学中开发和利用网络资源要注意以下三点。

第一，正确性。无论是史实还是史论，都应当是真实的、科学的和符合国家主流价值意识的。

第二,恰当性。即使是正确的网络资源,也要考虑历史教学目标、教学重点和难点以及学生兴趣等具体的教学情境,并不是用得越多越好。

第三,针对性。网络资源的利用要服务于改善教师的授课方式与学生的学习方式,要把网络资源的利用与培养学生的人文素养和探究意识有机结合起来,不能将网络资源视同为网络读物。

八、历史音像资源

随着广播电影电视事业的飞速发展,近年来历史题材的影视作品和录音大量增加,成为一种非常重要而且容易获取的历史课程资源。文献纪录片一般能够真实生动地再现某段历史,刻画某些历史人物,叙述某些重大历史事件,对学生理解和体会历史具有不可替代的作用,是应重点利用的资源。比较符合历史实际的影视作品和娱乐性的历史题材影视作品,除严重违背史实的以外,也是可以有选择地加以利用的资源,因为它们或多或少能够反映某一特定历史时期的社会生活风貌,有益于学生从不同角度观察和感受历史,增强他们的历史感和历史理解能力。

第四节 历史课程资源的建设

一、开发和利用历史课程资源的原则

(一)目标性原则

从宏观的角度讲,历史教师应该明确历史教育的基本功能,选择的资源应有利于学生的人格教育和终身发展。从微观的角度看,历史课程资源应该服务于具体的教学目标。为此,历史教师在开发和应用历史课程资源时,必须对为什么要教历史这个问题有清醒的认识,必须认真研究课程标准,吃透所教的历史主题和专题,知道哪些能力要培养,哪些问题要提及,设计好教学目标系统,选好核心目标。如果发现课标或教科书有不尽如人意之处,应选用适当的资源做出合理的调整。

(二)开放性原则

开发与利用历史课程资源时要以开放的心态对待人类创造的一切文

明成果,尽可能开发与利用有益于教育教学活动的一切可能利用的课程资源。课程资源开发与利用的开放性包括类型的开放性、空间的开放性和途径的开放性。

1. 类型的开放性

类型的开放性是指不论以什么类型、形式存在的课程资源,只要有利于提高教育教学质量和效果,都应是开发与利用的对象。

2. 空间的开放性

空间的开放性是指不论是校内的还是校外的,城市的还是农村的,中国的还是外国的,只要有利于提高教育教学质量,都应加以开发与利用。

3. 途径的开放性

途径的开放性是指课程资源的开发与利用不应局限于某一种途径或方式,而应探索多种途径或方式,并且能够尽可能地协调配合使用。

(三)有效性原则

历史教师应该放弃单纯的历史学科本位意识,树立学生本位的意识。因为所有的课程最终都要落实到学生的身上,开发出来的课程资源也是为学生的学习和发展服务的。应在树立"以学生发展为本"意识的基础上,去挖掘各种资源的有效价值。为此,教师要对学生的兴趣以及他们所喜爱的活动进行研究,在此基础上开发课程资源。

(四)针对性原则

开发与利用历史课程资源是为了历史课程目标的有效达成。一般说来,每一种课程资源对于特定的课程目标具有不同的作用和功能,不同的课程目标需要开发与利用不同的课程资源。但是,由于课程资源本身的多质性,相同的课程资源又可以服务于不同的课程目标,所以课程资源的开发与利用就必须在明确课程目标的前提下,认真分析与课程目标相关的各种课程资源,认识和掌握其各自的性质和特点,这样才能保证开发与利用的针对性。

(五)个性化原则

尽管历史课程资源多种多样,但是相对于不同的地区、学校、学科和教师,可待开发与利用的课程资源具有极大的差异性。因此,对于历史课程资源的开发与利用应从实际出发,发挥地域优势,强化学校特色,区分学科特性，展示教师风格，扬长避短，扬长补短，突出个性。课程资源的开发与利用本身就是一项极具创造性的实践活动，没有个性，也就失去了创造性。

（六）生成性原则

学生在历史学习前不是一无所知的，教师可以借助学生在历史学习前的认知开展教学，这也是一种重要的资源。在当代开放性的历史课堂上随时都会出现一些生成性的因素。同时，学生看问题的视角是多元化的，教师应善于判断其中的价值，及时捕捉这些课堂中的生成性资源。为此，教师要对学生的现状进行分析，真切了解学生的素质到底达到了怎样的水平。实际上，这也是把握学生接受和理解有关课程资源能力的基础。

（七）适切性原则

历史课程资源的开发和应用必须充分考虑本地区的实际状况。课程资源包括了众多的种类，可供选择的范围很广，开发和应用不应追求数量，而应以有利于本校和学生的有效学习为度。比如，发达地区可以利用丰富的网络资源，而边远山区学校则可以开发、利用乡土资源进行教学。每个学校都可以依据自身所处环境的特点，发掘一些有助于开展历史学习的资源。

二、开发和利用历史课程资源的作用

（一）有利于转变教学模式

开发课程资源不仅能使学校和教师创造性地实施新课程，丰富教学模式，而且还是开发和形成校本课程的必要条件。更重要的是，课程资源的开发和利用对于转变课程功能和创新学习方式具有重要意义，这主要表现在两方面。

第一，可以超越"唯教材是举"的狭隘的教育内容，让教学活起来。

第二，可以改变学生在教学中的地位，使之从被动的知识接受者转变为知识的共同建构者，从而激发学生的学习积极性和主动性。

（二）有助于学生更好地理解教材内容

历史教师要想上好历史课，使学生通过历史的学习提升自身素质，除了必须努力拓展自己的知识领域和专业技能外，还必须在教学资源和资料的寻找、开发、制作、使用等方面下功夫。只有历史课程资源充足了,在教学过程中讲到相关知识时才能随用随取,对学生更好地理解教材内容具有重要意义。

(三)有利于激发学生的学史兴趣

很多历史课程资源,如影视资料、历史文物、历史遗址遗迹等,以其形象具体、生动活泼或者学生能够亲自参与等特点,给予了学生多方面的信息刺激,加之许多内容贴近学生,贴近生活,贴近社会,丰富了历史课的内容和情趣,有利于激发学生的学史兴趣。

(四)有利于促进学生个性的健康和多样化发展

与传统教科书相比,现在的课程资源是丰富的、开放的,包括学校、家庭、社会中各种有形的、无形的资源,能给学生多方面的刺激,能调动学生以多种感官参与活动。在这样的课程背景下学习,学生的收获肯定是多方面的,所以开发和利用历史课程资源对于促进学生个性的健康和多样化发展具有积极作用。

三、历史课程资源建设的途径

(一)合理规划、整合历史课程资源

历史课程资源的规划和整合涉及许多方面,概括来说主要包括以下几方面。

1. 历史课程资源调查

通过科学、缜密的调查工作,历史教师可了解和掌握本学校、本地区所拥有的历史课程资源。历史课程资源调查的基本步骤包括以下几方面。
第一,确定调查目标,编制调查计划。
第二,有序组织,展开调查。
第三,整理调查材料,建立课程资源信息库。
历史课程资源信息库的建立,可以为历史课程资源的有效开发和运用奠定坚实的基础。

2. 历史课程资源分析

历史课程资源分析是指在资源调查的基础上,系统、全面地将纳入视野的资源进行细分,逐步认识各个部分的属性及相互之间的关联,并加以评估。对历史课程资源的分析主要包括了解和认识各个部分资源的属性、特点、内容、作用、局限等。对历史课程资源进行深入分析是科学、合理地运用课程资源的一个非常重要的环节。

3. 历史课程资源规划

在调查、分析的基础上,还需要科学制订资源规划,以促进课程资源的整合和运用。历史课程资源规划过程中,需要处理的环节有很多,如资源档案的建立、校内资源的管理、与校外资源相关机构的联系、有步骤地开发资源和资源运用机制的建立等。历史教师的积极性和能力是直接制约历史课程资源规划水平的因素之一,这不仅在于历史教师本身就是课程资源的组成部分,还在于历史教师是历史课程资源开发、运用的重要载体。因而,历史教师的状况对于历史课程资源的开发和运用有着决定性的意义。

(二)建构科学的历史课程资源观

可以从以下几方面入手来构建科学的历史课程资源观。

1. 收集大量资料

由于历史留下来的资料种类繁多,并且大都具有客观和主观上的两重性,因此在运用时,需要史家通过各种方法,广泛收集各方面的历史印迹,然后去伪存真,以从中得出不断接近历史真相的认识。在历史学习中亦是如此。学生在教师的引领下,只有通过各种课程资源最大限度地获取有关客观历史信息的材料,展开思维,才能最终形成合理的历史认识,从而完成历史课程的学习任务。

2. 改变以往我们对历史教科书的一个模糊认识

长期以来,在我们的观念中认为教历史教科书就是教历史,而学生学历史教科书就是学历史,历史考试的成绩,就成为评价教师历史教得好坏和学生历史学得好坏的重要标准。实际上,历史教科书只是学生学习历史的一个依据,它是根据历史教学计划、历史教学大纲或历史课程标准的要求编写的,它有利于学生在历史学习中及时了解学习的内容范围、深度和广度,并直接起到学习方式和方法、展开思维的示范作用,可供学生在学习过程中参考。但是,历史教科书与客观历史之间不能简单地画等号。因此,在课程的教学中,对历史教科书的作用必须定位准确,特别是不能用教科书替代历史课程资源,这样才有利于历史课程资源的开发

第二章 把握资源：历史课程资源研究

和运用。

3. 历史教育工作者要更新课程资源观念

依据课程目标的要求,科学、合理地建构和运用历史课程资源体系,是课程编订和实施过程中的一个重要环节。它需要教师在课程编订的要求下,合理、全面地对各种历史信息和资源进行科学的整合。这一观念需要在历史课程编订者和历史教师中强化,只有历史教育者真正实现了观念的转变,才能在实践中有效地进行历史课程资源的开发和运用。

(三)改变传统的课堂教学模式

在课程运行过程中,要真正充分发挥历史课程资源的功能,还需要改变传统的教教科书、学教科书、考教科书的教学模式。在这一模式下,无论教师使用怎样的教法,学生运用怎样的学法,大都离不开为准备考试而进行记和背。这样就在很大程度上使原本丰富多样、灵活有趣的历史学习变得僵化、枯燥。但是,当历史课程资源进入学校教育领域以后,原有的历史教学内容体系、结构发生了巨大变化,那种灌输式的教学模式明显不能适应课程实施的需要。因此,在历史教学实践中,就应该改革传统的历史教学模式,变历史知识来源单一为历史知识来源多样化,变教师灌输为教师引领、师生互动,变学生对历史教科书死记硬背为依据丰富材料自主展开历史思维。

(四)具体历史课程资源建设的途径

1. 历史文字资源的建设

概括来说,历史文字资源建设的途径主要包括以下几种。

(1)扩展历史文字资源的获取途径

第一,广泛利用工具书。

第二,扩大文献引用范围。教师可以通过翻阅史学研究专著、浏览历史类杂志来掌握史学最新研究动态和研究成果。

(2)认真选择文字资源

第一,尽量选用一手文献。

第二,注意辨别文献的真伪。

第三,文字资源选择要适合学生特点和教学目标。

2. 历史实物资源的建设

概括来说,历史实物资源的建设途径主要包括以下几种。

(1)培养科学态度

教师在开发利用历史遗存资源时,应该具有科学的认识态度,教师应该认识到学习历史、研究历史和保存历史遗产是为了现在、将来及其发展,绝不是让历史上的事物永恒。

(2)深化课堂改革

第一,建立家庭课堂。通过家庭课堂的建立鼓励学生自主挖掘历史资源,提高对历史的兴趣。

第二,建立学校课堂。由于现实条件的限制,学生不是经常有去校外参观学习的机会,因此校内的教育更为重要。

第三,建立地方课堂。就历史学科而言,只有开发利用具有地方特色的遗存资源才是建设地方、学校课程的最佳方式,因此要充分利用当地博物馆、爱国主义教育基地和纪念馆等。

(3)提高参观效率

第一,教师亲自带队讲解。带领学生参与开发利用历史遗存资源时,教师应积极引导学生参与到对历史遗址及遗迹的参观、对文物的挖掘的课堂氛围中。

第二,专业人士讲解。专业人士不仅可以帮助教师照顾学生,而且还可以从他们自身对历史的理解出发,让学生更为透彻地理解相关历史资源的内涵和外延。

(4)开发"可能"资源

教师在开发利用历史遗存资源时,应该充分考虑资源的遗留状况和学生的实际能力,选取有开发可能的历史遗存资源。一幅好的历史遗存古迹图可以创设情境,使学生感觉身临其境,增强历史教学的厚重感。

3.历史活动资源的建设

概括来说,历史活动资源的建设途径主要有以下几种。

(1)及时开发活动资源

对于历史故事、名人逸事比较多的历史时期,可以开展讲故事比赛,或采用查阅资料、表演短剧的形式,展开历史短剧编剧和表演的竞赛;对于一些学生比较感兴趣或认识上存在误区的问题,可以发动学生查找资料,开展课外学习或辩论赛;在一个单元学习或专题学习结束后,可以开展历史知识竞赛等,在课堂教学中生成新资源。

(2)有效开发课堂活动

第一,利用戏剧表演再现历史事实。让学生编演历史剧,扮演历史人物,可以使学生对历史人物、历史事实感同身受,大大加深对历史知识的理解。

第二,利用现代化教学设备开展活动。例如,通过观看电影片段让学生在跨越时空的感受下,发挥观察力、想象力和理解力。

第三,通过辩论加深对知识的理解。可以先让学生搜集材料、筛选材料、提炼观点,然后组织学生分成小组展开辩论,既可以培养学生口头表述能力,又可以培养学生辩证地看待问题的能力。

第四,建立"学生成长档案袋"。教师指导每一位学生主动建立一份档案袋,专门用于存放自己收集的与历史学科知识相关的信息。

4.历史信息资源的建设

概括来说,历史信息资源的建设途径主要包括以下几种。

(1)掌握方法,合理利用网络资源

第一,合理甄别信息。

第二,熟悉各类网站特色。

第三,利用新技术手段。

(2)积极参与,构建完善的资源信息库

历史教师除了从网上下载信息外,还应该积极参与到资源信息库的建立和完善中,只有大家致力于网络资源信息库的建立,可资利用的网络资源才会越来越齐全和完善。

第三章 掌握方法：历史教学的模式与方法研究

历史教学模式与方法问题是历史教学中的一个重要组成部分。历史教学要想取得较好的效果，就必须要对历史教学模式和方法进行探讨。历史教师要根据各种教学模式、方法的不同特点，从教学内容、学生以及教师自身的具体情况出发，研究各种教学模式与方法的相互配合，选择最佳方案完成教学任务。

第一节 历史教学的内涵

一、历史教学的本质

在不同的时期，教育界对历史教学的本质有着不同的理解。

传统的看法认为，历史教学的本质就是传授历史知识的过程，在这样理念的指导下，历史教学的过程主要以教师的讲授为主，教学活动中的基本形式是教师在讲台上教，学生在下面学，历史教学是传递和接受历史知识的过程。在这一过程中，历史教师是主体，学生是被动的接受者，历史教科书是传递历史知识的媒介。

20世纪中期以后，随着社会的进步和教育的发展，人们对于历史教学本质的认识开始发生变化，教学已经不仅仅局限于传授知识，而是增添了能力培养与思想教育的内容。现代教育观认为，历史教学是建构历史知识的过程。师生以史料为媒介，通过交流、沟通等手段形成对历史的认识。学生在交往活动中完成对历史知识的建构和能力的培养，同时其情感态度与价值观发生变化。在这样的教育理念指导下，历史教学活动不再是由教师向学生展示前人认识的成果，教师也不再是教学活动的主体，学生与教师的关系是一种平等的关系，学生可以在学习的过程中发表自己的主张和见解，通过与教师或其他学生的对话及交流等手段，获得自己

第三章 掌握方法：历史教学的模式与方法研究

对历史知识的见解。

总体来说，无论是传统的看法还是现代的看法，历史教学的本质都是一种特殊的认识历史的活动，是学生在教师的组织、指导下有目的的学习活动。二者的不同之处在于前者是让学生认识人类已有的历史研究成果，后者是让学生自己探索，得出对历史的认识。

二、历史教学的原则

历史教学的原则主要包括以下几方面。

（一）系统性与灵活性相结合的原则

系统性是指按历史学科的知识系统和逻辑顺序讲授。灵活性是指适应学生的心理特点和接受能力，不一定严格按照历史学科体系讲授历史。在现代历史教学中，教师一定要遵循系统性和灵活性相结合的原则，只有这样才能在教学中取得较好的效果。

（二）直观性与抽象性相结合的原则

直观性是指教学内容典型、具体，教学语言生动、形象，能够运用多媒体呈现历史内容和组织实地参观考察等。抽象性是指运用历史概念进行分析、综合、比较、概括、归纳等，对历史现象做出解释。在历史教学中要做到事实描述与分析论证相结合。空洞的论述枯燥乏味，没有说服力；只讲史实、不做分析则不容易发挥历史的教育价值。

（三）思想性与科学性相结合的原则

思想性是指历史教学要对学生的思想品德教育发挥作用。科学性是指历史教学中所用材料要准确、观点要正确。历史教学的思想性渗透在具体、准确无误的历史教学内容当中。在选择教学内容时，一方面要保证材料准确、观点正确，另一方面还要保证所选材料具体生动，能够打动学生，发挥出历史教学的思想教育功能。

（四）教师主导作用与学生主体地位相结合的原则

教师的主导作用体现在确定教学目标、安排教学内容、控制教学活动进程、对学生的历史学习进行指导、激发学生学习历史的兴趣等方面。学生的主体地位则是指学生主动参与教学、主动探索历史问题。历史教学是在教师计划、指导下的学生探究活动。没有教师的指导，历史教学难以开展；没有学生的主动参与，历史教学很难收到良好的效果。因此，在历史教学过程中一定要遵循教师主导作用与学生主体地位相结合的原则。

第二节　现代化教学手段在历史教学中的运用

现代化教学手段是指在教学过程中有目的地使用幻灯、录音、录像、电影、电子计算机和互联网等与电有关的先进科学技术进行教学活动。现代化教学手段比一般直观教具更为生动形象，更吸引学生，因此它对于提高历史教学的质量有着重要作用。

一、多媒体在历史教学中的运用

多媒体教学是指运用以计算机为核心的多种媒体设备展开教学，把影像、动画、声音、图像、文字等各种信息综合在一起以传递教学内容、开展教学活动。它将教师、学生和现代信息传播技术结合起来，构成一种新的教学方式。

（一）多媒体在历史教学中的作用

在历史教学中，多媒体课件具有重要的作用，概括来说主要包括以下几方面。

1. 体现教学的直观性原则

多媒体教学通过多种媒介的交替演示作用，可以多渠道地向学生传递各种直观的教学信息，使学生的各种感觉器官对新知识进行多角度交叉吸收，内化为自己的知识，从而提高教学效果。

2. 解决教学中的难点问题

历史讲述的是过去发生的事情，和学生们的现实生活距离甚远，所以仅仅凭借文字内容向学生传授历史的知识是非常困难的，这也是历史教学的难点。对于这些难点问题，教师有效地运用多媒体教学课件，通过视频文件和图像文件的动态演示，再配以动听的音乐和教师的生动讲解，能

第三章 掌握方法：历史教学的模式与方法研究

使学生有效率地理解和接受知识,对取得较好的历史教学效果具有积极意义。

3.有利于学生的历史观察能力和思维能力的培养

多媒体能以图片、影视、文字等多种形式呈现教学内容,更好地调动学生的各种感官,使学生的思维活动处在兴奋的状态,从而实现讲练结合。只要教师循循善诱,就能使学生的历史观察能力、历史思维能力得到培养。

（二）多媒体在历史教学中的使用技巧

1.与传统教学手段配合使用

多媒体应该与传统的教学手段配合使用。教师要注意发挥身体语言的作用,通过抑扬顿挫的声调,丰富的面部表情、手势等吸引学生的注意。

2.各种媒体交替使用

教学过程中要注意不同教学媒体的交替使用,以发挥最大、最佳的教学效果。除电脑演示外,还可利用实物投影仪把收集到的人物图片、实物、地图、表格、史料和课文内容投影到大屏幕上,加强教学的直观性。各种形式交替使用,可以给学生新鲜感,使学生保持注意力,提高听课的兴趣。

3.合理调控课件演示的速度和时间

电脑课件的内容容量较大,如果演示的速度太快,很多学生往往来不及记笔记,或者有的学生光顾着记笔记,对一些内容反而没有太注意,所以在设计课件时课件演示的速度既要给学生留余地,又不能影响教学的进度,应注意给学生记笔记和思考问题留充足的时间。

（三）运用多媒体开展历史教学应注意的问题

1.不能过多使用媒体

一堂历史课的时间是固定的,所以教师在教学过程中要注意使用多媒体的时间不能太长,内容也不能太多。如果太多,会使学生的注意力分散,冲淡了学生对教学重点的印象。

2. 不能盲目使用现成的教学课件

目前,互联网已经普及,一些优秀的历史教学课件可以从网上找到。如果不去钻研教科书,找素材,制成自己的课件,而是从网上下载课件,尽管课件很好,也很难取得好的教学效果。教师只有通过自己的努力,把历史教科书上的文字转化成生动活泼的语言和图片,制作属于自己的课件,在课堂运用时才能得心应手。

3. 不能完全依赖多媒体

教师在备课时,一方面要制作多媒体课件,另一方面还要准备文字教案。不能只准备一个多媒体课件,离开课件就无法上课。教师在上课的过程中难免会遇到一些问题,如停电、电脑故障等,如果教师只准备了多媒体课件,那么一旦出现以上问题,教师就会很被动,即使勉强能将课上完,也不会取得较好的教学效果。

二、互联网在历史教学中的运用

(一)运用互联网进行历史教学的方式

1. 收集资料

只要选定关键词,就能利用网络搜索功能搜索到和历史教学有关的内容。通过让学生收集资料,可以训练学生理解信息并对其熟练地进行组织和处理的能力。

2. 网络课堂

网络课堂指将优秀教师的课堂教学实况进行录像,然后通过网络传播,或在网上同步播放。网络课堂可实现远距离异地、异校教学,向学生提供更多的优质历史课堂教学资源。

3. 网络展示

网络展示不受时间和地点的限制,是学生自主探索学习的一种较好的方式。教师可以利用网络展示教学内容,学生可以展示他们学习和研究的成果。

4. 网上参观

许多历史博物馆、纪念馆、历史遗址、名胜古迹都有自己的网站或网

第三章　掌握方法：历史教学的模式与方法研究

页,可以引导学生上网浏览这些网页,观察历史文物和历史场景。网络技术缩短了时空距离,可以使学生不出门就能参观文物古迹。

5. 网上讨论

可利用有关网站的聊天室或论坛,组织学生围绕有关的学习主题,以发帖和跟帖的方式开展网上讨论。网上讨论有利于调动学生学习的积极性和主动性,使一些平时不善言语的学生也比较容易参与进来。

6. 网上答疑

教师可以利用网络论坛和电子信箱,为学生答疑解惑,进行个别指导和辅导。

(二)运用互联网开展历史教学应注意的问题

用互联网开展历史教学还是一个新生事物,需要教师不断学习、研究和实践。现阶段,运用互联网开展历史教学应注意以下问题。

1. 明确目的

运用网络教学,首先要明确教学的整体目标,然后考虑怎样利用网络为整体目标的实现服务。

2. 突出重点

利用互联网进行教学活动,应该紧扣学习主题和研究课题,围绕重点内容和重点问题进行,这样才能提高教学的实效。

3. 学生为主体

现在的学生在运用计算机网络等技术上有些方面早已超过了教师。所以,教师应鼓励学生自主学习,尽可能地调动学生的积极性、主动性和创造性,让学生通过网络进行自主学习、合作学习和探究学习,使学生在教学中的主体地位得到真正的体现。

4. 教师引导

在教学中,技术越先进,手段越新颖,教师的指导作用就越重要。教师不仅要驾驭教材,还要驾驭这些新技术和手段,引导学生在新的学习条件和情境中学习。

5. 综合使用

历史教学通常要综合运用各种方法和技术,网络教学只是其中的一种，应根据教学的实际情况与其他教学方式配合使用。如果只是一味地使用一种教学方式，学生也会感到厌烦。

第三节　考古资料在历史教学中的运用

一、考古资料的特点

考古资料是研究过去社会历史文化等的实物资料，其具有以下几个显著特点。

（一）时代性

考古资料的时代性特点主要体现在以下两个方面。

第一，它代表着过去的时代，每一件文物都是那个时代特有的产物，是当时当地社会经济文化的反映，是我们了解过去、研究历史的可靠材料。

第二，体现在考古材料的与时俱进，也可以说现实性。随着社会的不断发展，有关考古的技术与理论也取得巨大进步，使得考古成果不断取得新的突破，获得的考古资料对历史研究有重要的补正作用。历史教学也应当与时俱进，面对现实，保持教学活力，发挥其应有的作用。历史教师如果能够结合最新考古成果把不断更新的考古资料与历史教学结合起来，不但可以避免误导学生，还可以达到与现实结合的效果。此外，将历史教学与与时俱进的考古资料有机结合起来，可以引导学生学会关心他人、关心现实、关心人类社会的发展，培养他们强烈的社会责任感。把握好历史教学与现实、历史教学与考古前沿的结合，面对现实，面向社会，与时俱进，历史教学才具有活力，教师才能抓住历史教学的切入点，搞好历史教学，发挥其应有的作用，提高学生学习的积极性。

（二）直观性

直观性是考古资料的最大特点。考古资料的直观性给人以立体感，可以直接进行观察，使学生通过实实在在的物体来感受古代人的生产生活方式等。由于历史的过去性的特点，如果学生停留在从文字来认识和

第三章 掌握方法：历史教学的模式与方法研究

了解历史,这种空洞的时间和空间的距离难以引起学生情感和思想的共鸣,更难以调动和培养学生历史学习的兴趣。考古资料使历史情境化,再现具体时间和空间条件下活动着的历史人物和历史事件,再现当时人们的生活方式、风俗习惯、心理特征,拉近了学生与历史的时空距离,使学生在轻松的学习过程中潜移默化地喜欢上历史。

(三)不可再生性

由于考古资料是研究过去社会历史文化的实物资料,属于过去的东西,因此具有不可再生性。考古学本身就是历史学科的一个构成部分,它的目的是研究过往的历史,这既是考古学的出发点,也是考古学的最终归宿。从这个角度来说,把考古资料应用在历史教学中可谓物尽其用。

二、考古资料在历史教学中的作用

(一)有利于扩大历史课堂的开放性

目前,在历史教学中仍然存在着与时代发展不协调的方面。很多学校的教学资源过于单一,开发力度不够,教学形式和方法也很单一,学生的积极性不高,对历史提不起兴趣。这样的教学氛围显然不利于学生的可持续性发展。历史教学由此失去了鲜活性。所以,我们需要加大历史课堂的开放性,扩大教学资源,尝试运用不同的但又有效的教学方式,来重新唤起学生对历史的兴趣。考古资料的应用不但增加了教学资源,在一定程度上也加大了历史的开放性,因为考古资料使得教学的形式和方法发生了变化,把考古资料用到历史教学中能让一些学生主动参与到课堂中。

(二)有利于增强历史教学的鲜活性

现实中,很多学生对历史的印象是枯燥乏味、缺乏生机。这与我们的教学方式有着很大的关系,我们往往忽略了根据学生的实际需求和心理特征来选择适当的教学方式,结果是教师教得很累,却并没有达到理想中的效果。随着新课改的进行,历史教学开始关注学生的心理发展,以人为本成为教育的核心理念。能否按照学生的兴趣特点、情感特点和思维特点来设计教学是检验一名教师是否合格的标准之一。考古资料的直观性特征使得历史课堂变得具有生命力,不再是单纯的说教与被动的学习,学生可以借助实物来感知和思考历史。历史从呆板艰涩变得生动有趣起来,整个历史课堂也会变得生动活泼、充满活力。

（三）有利于学生能力的培养

1. 有利于学生历史思维能力的培养

常言道"百闻不如一见"，通过观察考古资料这些实实在在的物体，无形中便提高了学生的观察能力。观察对于思维能力具有重要作用。因为通过观察这些实物，我们会在获得感性认识的基础上进一步思考它所蕴含的知识，进而锻炼了我们的思维能力。另外，由于考古资料是对过去社会生活的研究资料，因此每一件物品都蕴含着那个时代的政治、经济、文化及社会生活的面貌，凝聚着丰富的人类思想感情。它的特征本身就有助于学生在观察和想象中培养历史思维能力。由感性认识逐步上升到理性思维的过程既符合学生的心理特点，也是历史教学期望达到的教学效果之一。

2. 有利于学生发现信息、提取信息能力的培养

考古资料承载着丰富的历史信息。这些信息我们无法看到，需要自己去探索和发现，这就要求学生必须具有很强的发现信息和提取信息的能力，否则即使考古资料具有直观性，放在学生面前，他们也只能看到一个个实物个体，而无法看到实物背后所讲述的历史所代表的历史意义。考古资料也就失去了它的价值，同样地，在历史教学中考古资料所发挥的功能也会大打折扣。所以，在历史教学中，教师利用考古资料这一独特的特点有意识地引导学生去发现历史信息，提取历史信息，可以培养他们发现信息、提取信息的能力。一旦学生具备了这样的学习能力，在考试时，就很容易从材料中发现并提取重要的信息，提高考试成绩和学习能力。

3. 有利于学生学科综合能力的培养

现代科学日益呈现综合化的趋势使知识经济的发展依赖于具有综合能力的高素质人才。考古与历史即属于交叉学科中的相关学科，将考古学中的考古资料与历史教学相结合，对于培养学生的学科综合能力、解决复杂问题的能力具有很大帮助，它符合现代社会对人才培养的要求。

（四）有利于提高学生文物保护的意识

考古资料包含着文物，这些资料应用于历史教学中，是最好的文物保护意识教育的素材。但是，在运用这些考古资料进行历史教学时，一定要首先说明文物的价值，只有先说明，才能在学生心里留下印象，接下来通过

第三章 掌握方法：历史教学的模式与方法研究

文物在学生眼前的呈现,在带给学生视觉震撼的同时,使他们在历史知识的学习过程中再次认识到文物的价值,从而提高了自身的文物保护意识。

（五）有利于激发学生的爱国主义情感和民族自豪感

青少年是我国社会主义发展未来的主要力量,从小培养其学习历史文化知识的意识,加深他们对本民族历史和当地文化的理解与认识,是激发其爱国热情的重点。这种爱国主义热情将激励他们继续学习历史文化知识,积极发挥自主学习的主观能动性,为后期他们提高历史学科学习能力、树立科学的历史唯物主义价值观能起到良性循环的作用。

考古资料是过去历史的部分再现,以具体的形象使学生形成历史观念,给历史概念提供丰富可靠的判断根据和想象根据。它反映了我国悠久的历史和灿烂的文化,在历史教学中把考古资料引入其中,可激发学生的爱国主义情感和民族自豪感。

三、考古资料在历史教学中的运用途径

（一）实地参观

在保证完成课堂教学且条件允许的前提下,可以组织学生进行有目的的实地参观考察,这样可以真正做到理论与实践的结合。参观地点上,我们可以首先选择附近的博物馆或者文物馆,因为这里面大部分收藏的都是考古发掘的实物资料,对历史学习有很大帮助。透过这些文物,学生可以最大限度地还原历史,真实地触摸历史,感知历史上曾经发生过的方方面面。博物馆陈列的时序性与专题性特点,符合历史发展的规律,通过参观博物馆,有利于我们把握历史的发展脉络,宏观地理解历史。这远远比在教室里灌输知识、不断对违纪学生进行管理效果要好得多。

（二）围绕文物故事发掘历史信息

讲故事的教学模式是发挥学生主体地位的重要途径。在运用考古资料教学时,我们也可以通过实物讲故事,考古资料承载着人类的历史,几乎每一个发掘出来的实物都包含着丰富的内容和我们无法想象的故事。把考古资料当作讲故事的工具,尽量挖掘其背后的信息,对历史教学非常有益。教师在课堂教学结束时可以布置任务,如提前展示与下节课有关的一个考古文物或者壁画等的图片,要求学生搜集这些实物的信息并在下节课上以故事的形式讲出来。在讲的时候,学生可以分一个故事讲或者分几个小故事讲一个文物,形式多样。经过搜集,学生就会得到很多有用的信息。通过搜集信息并讲述考古实物背后的故事,不但锻炼了学生收集鉴别信息的能力,也让他们的分析归纳能力得到提高,更重要的是,在讲故事中学生学到了知识,完成了教学任务,枯燥乏味的历史课堂变得轻松愉悦,考古资料在实现其价值的同时得到了最有效的利用。

(三)播放与教学相关的考古视频

影视资源是网络资源中对历史教学影响较大的一种,其中关于考古资料方面的视频有很多。虽然学生求知欲很强,条件很方便,但校园里面的学生接触面较小,即使能够接触到与历史教学相关的视频,也往往处于一知半解状态或者是信息杂乱,不知道该如何选取,这就需要教师充分利用上课时间,适当给学生播放与教学相关的考古视频。教师所选取的视频应该具有以下几个特点。

第一,教师选取的考古视频首先不能过长,这样会占用过多上课时间,课程内容无法按时完成。

第二,选取视频还要考虑到学生的年龄及认知水平,过于艰涩或者专业化的视频,学生也无法产生兴趣,更谈不上去看了,这样只会白白浪费时间,教师工作也是失败的。

除了纪录片等考古资料视频以外,电视剧、电影中与考古相关的并且对历史教学有用的资料也可以作为借鉴。虽然很多影视作品有歪曲、夸大历史事实现象,但并不是说它就不具有借鉴意义。有时候纠错反而更有利于提高学生学习的主动性和加深他们对知识的记忆。我们可以找一些与考古发现相关的影视作品,让学生从中找错误,通过这种方式,加深学生的知识认知。不过,这种视频找起来难度要大一些,教师的工作量会大大增加。所以,不需要刻意去找这些资料,在日常生活中看电视或电影的时候多留心观察,也是收集考古资料的一种方法。

需要注意的是,在播放视频的时候一定是有目的的,这个目的指的是在一节课中知道在什么时候播放视频,要出现在最恰当的时间,与课堂内容相和谐,过渡自然。同时,要引导学生看视频,在播放视频时,教师要带着学生观看,在重要点做必要的提醒,最好在看之前先说明播放视频的目的或者在观看之前提出问题,使学生能够带着问题进行观看,这样的效果比单纯播放视频要好,也就是要学会用视频。

(四)课堂展示实物或仿制品

有一些比较好收集的实物资料如古代生活器皿、古钱币等,可以在讲

第三章 掌握方法：历史教学的模式与方法研究

述相关的内容时,向学生展示,在展示时,这些年代距离学生较远的东西,更能引起学生的思考和好奇心。展示文物时,可以首先由教师提出问题,让学生观察,然后思考所提出的问题,最后在教师引导下得出结论,也可以由学生先观察,然后围绕文物提问题,小组讨论解决,最后教师总结。总之就是要学生以这些实物为载体充分参与课堂教学,发挥学生主动探究的能力,在参观文物的时候渗透文物保护意识的教育,实现利用考古资料进行历史教学的双重目的。

另外,在课堂上展示的并不一定非得是真品,仿制品也可以起到相同作用。所以,如果时间允许的话,教师可以做一些课堂教学需要的文物模型或者复制品,带到课堂上让学生参观学习,也不失为一种好的方法。如果能让学生参与制作这些文物复制品或者模型效果会更好,既可以减少教师的教学负担,还可以让学生在享受欢乐的同时提升自己的动手能力。历史教师可以专门抽几节课作为活动课,带领学生制作教学需要的考古实物模型,可以以小组为单位,分工合作,提高效率。

（五）考古现场直播

近年来,公众考古概念也逐渐融入课堂,直播考古现场也成为文博领域的热门首选。考古现场较强的带入感可以使学生在感知朝代整体文化风貌的基础上,在历史学科综合素养方面再上台阶,为日后愿意与文博结缘的学生提供知识储备。越王勾践剑、海昏侯墓等考古现场的直播是成功案例。需要注意的是,由于地域资源和文物资源的差异,学生很难集体观看考古现场直播,这就需要教师留心与历史教材紧密相关的考古发掘,尽最大可能为学生提供考古发掘的实观记录视频,使得学生身临其境感知文物的前世今生,感知中国历史的博大精深。

第四节 历史教学的模式研究

一、讲谈—接受教学模式

（一）讲谈—接受教学模式的含义

历史教学的讲谈—接受教学模式是以教师的讲授为主。在教学中,教师运用生动简洁的语言,阐释历史概念,描述历史史实,揭示历史发展的规律,向学生系统地传授历史知识,同时结合与学生的谈话,在教师与学生之间产生传递与反馈,从而使学生掌握基本历史知识,发展历史思维能力。其功能目标在于通过师生之间的谈话,使学生注意到知识之间的多种联系,并在这种联系的基础上复习旧知,获得新知,形成自己的知识结构。

(二)讲谈—接受教学模式的优缺点

1. 讲谈—接受教学模式的优点

(1)可以高效率、系统化地传递信息

历史包罗万象,内容丰实,知识量大,系统性强,在短时间内,用其他模式很难实现教学目标,这时候教师通过有组织、有系统的口头讲述,有条理的分析、综合、论证与概括等,能使学生比较完整地掌握历史学习内容,清楚历史事件相互之间的关系。

(2)使课堂具有较强的可控性

教师可以自己把握一节课讲什么、讲多少、怎么讲,在教学进程中,教师能及时发现问题,对内容、进程和方法进行相应调整,以保证教学目标的实现及教学任务的完成。

2. 讲谈—接受教学模式的缺点

具有以上优点的同时,讲谈—接受教学模式也存在一定的缺点,概括来说主要包括以下几方面。

第一,很难兼顾学生之间的个体差异,难以实现因材施教。

第二,在这一模式下,如果教师只是单向地向学生传递信息,容易造成教师机械地讲授、单纯地传递,学生被动地接受,学生的主动性丧失,学习历史的兴趣会逐渐衰减。

第三,这种教学模式的不当使用会导致学生在课堂上大多数时间是在倾听,或忙于记笔记,很少去动脑,去思索,自我探究的时间极少,学习的主动性得不到发挥,师生相互间的沟通交流也会出现障碍,最终学生会养成一种被动的学习方式。

(三)讲谈—接受教学模式的基本程序

这一模式的活动程序如图 3-1 所示。

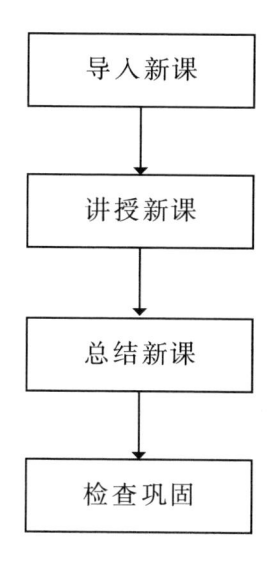

第三章 掌握方法：历史教学的模式与方法研究

```
导入新课
   ↓
讲授新课
   ↓
总结新课
   ↓
检查巩固
```

图3-1 讲谈—接受教学模式的活动程序

1. 导入新课

导入新课是教师在新的教学内容或教学活动开始时，通过教师创设情境，引导学生从非学习状态逐渐进入到学习状态，帮助学生做好心理上和知识上必要准备的教学活动。比较常见的导入新课的方式主要有以下几种。

（1）温故知新

这一方式是指通过复习前一节课的内容引出即将要讲的新内容，以旧引新，达到温故而知新的目的。

（2）直观演示

这是一种以引导学生观察文物、模型、图表，观看影视片段或幻灯片等活动方式，引起学生兴趣，再从观察中设置问题情境的导入方式。这一导入方式的优点在于形象直观，将历史再现，能激发学生兴趣，引起学生的思考和共鸣。

（3）悬念置疑

这是一种以认知的冲突方式设疑，造成强烈的感情色彩悬念的导入方式。通过教师在导入中设置悬念，给学生留下许多引发联想的疑问，能够引起学生对课堂内容的兴趣，使学生产生刨根问底的急切心情，在探究的心理状态下接受教师发出的信息。这种方式的优点在于能迅速抓住学生的好奇心，使学生集中全部注意力于新课的学习。

（4）线索概述

这是一种对教学内容进行宏观概括的方式,要求教师运用简洁语言,扼要介绍某一历史时段历史发展的脉络。这种方式比较适合知识线索比较复杂、历史整体感较强的教学内容,其优点在于能宏观地把握教学内容。一般来说,一个历史阶段或者一个单元的历史教学的开头都很适合这种导入方式。

（5）联系生活

运用这种方式能将新课内容和现实生活体验相结合,让学生在已有的情感体验中很自然地走进新课的学习。这种方式能使学生感到历史学习的亲切,其关键是要把握好历史与现实的切合点,切忌穿凿附会。

2. 讲授新课

教师将历史学科的知识系统地按课时进行分配,并根据学生的学习特点进行教学法的加工,通过讲授,引导学生了解学习历史知识的基本结构体系,使学生在单位时间内迅速有效地掌握较多的历史基础知识和基本技能。讲授新课是讲谈—接受教学模式的核心程序。

在历史教学中讲授新课,尤其要关注学生对历史概念的学习。历史概念是对历史人物、历史事件所做出的抽象的概括,是对历史现象背后的本质属性的反映。历史概念的掌握对历史的学习极为关键,是学生形成历史思维能力的基石,正确分析历史概念是科学认识历史的起点。

3. 总结新课

一堂成功的历史课,教师不仅要追求开头环节的引人入胜,中间环节的丝丝入扣,还需要结尾环节的结语不凡。良好的结课设计,可再次激起学生的思维高潮,使前后授课脉络贯通,达到曲终意长、言尽旨远、课停思涌的好效果。比较常见的历史结课方式主要有以下几种。

（1）"延伸拓展"式结课

"延伸拓展"式结课是指教师根据教材内容的需要,在课堂结束阶段,结合本课知识,进行一些相关补充和拓展,对社会生活进行延伸和辐射。这一结课方式拓展了学生的视野,也能积极地调动学生思考问题的积极性。在运用这种类型的结课方式时,教师应把握其拓展性和联系性的特点。

（2）"归纳总结"式结课

"归纳总结"式结课是教师将授课内容条理清晰、简明扼要地归纳出来,其优点在于能帮助学生理清思绪,构建知识体系,形成系统完整的印象,同时又能点明教学的重难点,把学生引向高一级的认知水平,提高学生运用唯物主义史观分析问题和解决问题的能力。这种结课方式较为常见,在运用时,需要把握好整体性、纲要性、总结性和重点性。

(3)"设疑悬念"式结课

"设疑悬念"式结课是教师在新课授完后,在学生掌握新知的基础上,提出新问题,巧妙地设置悬疑,但又戛然而止,这既能促使学生在课后积极思考,又能为学生进入下一节内容的学习牵线搭桥,创设新的思维情境。

4. 检查巩固

检查巩固可以是教师对学生所学习的内容的总结、回顾,也可以是教师对学生进行提问或让学生进行练习,达到巩固新知识的效果。

二、探究式教学模式

(一)探究式教学模式的含义

历史课堂中的探究式教学模式是指教学过程是以历史教科书及相关学习资源为基础探究内容,以学生周围世界和生活实际为参照对象,在教师的启发诱导下,以问题解决为中心,为学生提供自由表达、质疑、探究、讨论问题的机会,学生参照和运用史学研究的方法,通过多种解难释疑尝试活动,将自己所学历史知识应用于解决实际问题的一种教学模式。

(二)探究式教学模式的基本程序

1. 创设问题情境,激趣质疑

探究式教学模式的关键是要提出和解决问题。在历史探究性教学中,教师通常不是提供一篇教材,让学生去理解、记忆,而是呈现一个需要学习、探究的问题。这个问题可以通过创设一定的背景引出,也可以直接提出;可以由教师提出,也可以是学生在学习中发现。也就是说,课堂教学不再是按照教材上逻辑严密的知识体系按部就班地开展,而是围绕探究性问题展开,学生的学习内容是通过探究的问题来呈现的,学生的知识能力是通过解决探究性问题而获得的。

2. 整合信息资源,形成假设

在历史的探究性教学中,学生明确探究任务之后,就要根据问题情境的要求收集多种多样的相关历史学习资料。收集完资料之后,就必须提出种种解决问题的途径、假设和目标。提出假设是探究式教学的一个重要环节。学生的探究过程要经历猜想假设过程、体验问题的解决过程。猜想假设是指学生在教师的引导下,根据一定事实和已有知识对事物或现象之间的因果性、规律性做出的尝试性解释。在提出假设的整个过程中,教师要重点考虑以下两个问题。

第一,选取恰当的事例,充分调动学生原有的知识和经验,对新事物做出相应的假设,掌握假设的基本方法。

第二,提供必要的辅助资料,让学生经历依据一定的事实进行假设的过程,进而明白"假设"不是毫无根据的"瞎猜"。

3. 选择恰当的策略和方法开展探究

在历史的探究性教学中,选择恰当的策略和方法是问题解决中很关键的一步。由于探究性学习中的问题具有相当的难度,要想全面认识某一问题,仅凭个人的力量一时难以解决,因而较适宜的方法是将学生分成小组,以小组为单位进行探究。学生在自主探究中会碰到一些难以解决的问题,在此情况下,教师应指导学生进行合作探究,要留给学生时间,让学生相互之间研讨启发,以集思广益,思维互补,解决问题。在自主探讨和相互交流后,师生应对知识结构、学习方法和经验体会进行归类总结,使学生能力和认知得以提升。

(三)采用探究式教学模式应注意的问题

采用探究式教学模式应该注意以下四个方面的问题。

1. 探究性学习不是探究式表演

培养学生的历史探究能力是实施探究式教学模式的宗旨,这种探究是实实在在的探究活动而非徒具形式的探究式表演。

2. 不能为追求奇异而忽视了定论

探究性学习是一种学习的方法,我们是要通过它达到对已有知识的掌握而不是否定。

第三章　掌握方法：历史教学的模式与方法研究

3. 探究性学习不能代替正常的接受性学习

探究性学习只能作为激发学生学习兴趣、培养学生学习能力的一种方法和手段。探究性学习不能代替正常的接受性学习，怎样将二者很好地结合并互为补充，使其相得益彰，值得我们思索。

4. 教师要加强自身的素养

教师要加强自身的素养应该做到以下两方面。

第一，要转变教学观念，调整自己的角色和与学生的关系，尊重学生，与之平等合作。

第二，要不断再学习，探究性学习对教师的组织能力提出了更高的要求，也对教师的知识储备和知识体系提出了挑战。

三、合作学习教学模式

（一）合作学习的含义

合作学习教学模式是指在教学过程中，以小组合作学习为基本模式，教师分配任务，采用一定的合作程序，促使师生之间、生生之间互动或协调，互相帮助，共同进步，在评价时，以团队和小组的成绩作为评价依据，最后奖励的是团队。合作学习，可以极大增强学生的团队合作意识，形成组员间休戚与共的思想。

（二）合作学习的原则

1. 适度性原则

适度性原则主要表现在以下两个方面。
（1）合作学习要适度
合作学习不能过多地占用学生的课外时间，在开展活动的同时要兼顾历史学科知识的掌握。
（2）课堂上学生交流的时间要适度
既要有充分的时间保障学生思考交流，又要避免时间过长而导致课堂结构松散。

2. 互动性原则

合作学习理论认为，教学是一个信息互动的过程，这种互动包括师生之间和生生之间的双向互动,这种互动是多样的,也应是平等的。

3. 情景性原则

合作学习的开展需要教师创设适当的情景。教师要精心分析教材,查找教学的相关资料,设计教学的重难点及疑点问题,这些问题思维的价值含量很高,学生可能一个人很难解决好,这就比较适合开展合作,也能很快地调动学生的热情,学生在经过讨论后将问题解决好。

(三)合作学习的模式

1. 同伴互助合作学习

同伴互助合作学习是一种常用的合作方式,如同桌之间是非常熟悉的,教师可以帮助他们建立起一种合作学习的氛围,使他们之间可以取长补短,共同提高。

2. 小组合作学习

教师可以根据学生的兴趣爱好等将他们分成几个小组,同组之间可以相互学习交流,充分发挥学生的主体作用,从而增大学生之间交流的频度和深度,有利于培养学生的合作探究意识,也有利于学生交际能力的提高。

3. 全员合作学习

全员合作学习以全班学生为合作对象,强调师生合作、生生合作,形成人人参与的课堂教学。在具体的操作中需要做到以下几方面。

第一,教师布置任务,确定目标。
第二,进行讨论,提出问题。
第三,共同探究,交流讨论。

(四)合作学习存在的问题

在合作学习教学模式中会存在一定的问题。概括来说,这些问题主要包括以下几方面。

1. 课堂气氛不合时宜

在小组合作学习时,有的小组表面看上去热闹异常,而实质所进行的与活动正题无关;有的小组静如死水,活动效率低下。针对这些情况,教师应该做到以下几方面。

第一,教师要观察全局,深入小组活动。

第二,教师要选择合适的教学内容展开合作学习。

第三,教师要提高自身的历史专业学科功底,只有丰富了自己的知识储备,才能在指导学生的过程中得心应手。

第四,教师要不断调整合作学习的方式,确保每一位学生有事可做,并且懂得用一定的方法。

2. 学生合作意识不强

历史学科知识体系渊博,涉及面广,一些学生由于掌握了比较多的历史知识,在交流中就经常会提出一些问题,以达到展示自己的目的,针对这一情况,教师应该做到以下几方面。

第一,要培养学生的合作意识,教师要更多地表扬那些主动帮助其他人完成任务的学生。

第二,要培养学生的合作技能,教学生学会倾听,学会如何分享,让学生懂得尊重他人。

第三,发挥好教师的示范表率作用。教师之间要有合作,教师要对学生有独特的教学魅力和很高的知识引导力。

3. 学生参与面不大

在一些活动中,小组活动完全依赖某几个学生,学生的参与面不大。对此,教师应做以下两方面努力。

第一,要让每一位组员都有不可或缺、不可替代的角色。

第二,要在小组活动中明确个人的职责所在,使学生的个人目标和群体目标达成一致。

四、学案式教学模式

(一)学案式教学模式的含义

学案式教学模式是教师以学案为依托,以实现学生学会学习、自主学习为宗旨,体现学生的主体性地位,最终促进学生综合素质提升的一种教学模式。

(二)学案的编制原则

学案的编制要遵循以下七个原则。

1. 目标性原则

《全日制义务教育历史课程标准(实验稿)》将课程目标确立为知识与能力、过程与方法、情感态度与价值观的三维目标,教学目标的制订要依据这个三维目标。学案的编制要充分体现目标的三个维度,整个教学活动也应紧紧围绕教学目标的实现。

2. 主体性原则

在学案式教学中,要尊重学生,充分相信学生,体现其主体性的原则,在学生学习活动中可以从三个方面加以体现。

第一,学生是知识获得过程的积极参与者。学案本身就是一份探索性的自学提纲。设计学案时要将知识点转变为探索性的系列问题。

第二,要让学生有多种机会在不同的情境下应用他们所学的知识,即将知识外化。

第三,要让学生能根据自身行动的反馈信息来形成对客观事物的认识和解决实际问题的方案,实现自我反馈。

3. 课时化原则

历史学科有其自身的学科特色,尤其是专题式编排的教材有些内容涵盖的面广,量大,需要教师用几个课时才能完成,此时就要考虑学案的课时整体性。学案的编制要根据内容而定,要适宜,尽量有课时的界限与区分。

4. 方法性原则

学案的编制要强调方法的授予,具体到历史学习中,教师主要是教学生学会用历史唯物主义和辩证主义的方法看问题。在学案设计中,教师最好能将学习目标、教材重难点、课堂练习等都总结出一条条理清晰的学法指导的线索。方法就是世界,掌握方法,学生才能举一反三,触类旁通。

5. 问题化原则

历史学科的设问类型很多,如按问题难易程度划分,可分为低级认知的提问和高级认知的提问两种类型。前者包括回忆性提问和理解性提问;后者指要求在历史唯物论的指导下,运用分析、综合、比较、概括、归纳、演绎等逻辑思维的方法来诠释历史、评价历史的提问。不管是哪种设问方式,都应关注其设问点,这主要包括以下几点。

第三章　掌握方法：历史教学的模式与方法研究

第一,新旧知识的关联点。

第二,学生的兴趣点。

第三,知识的难点和学生思维的障碍处。

教师通过对知识点的转化,将其转变成学生探究的问题点,即以问题的形式对知识点进行设疑、质疑、释疑启思,借此来提高学生的思维品质。

6. 灵活化原则

学案的编制可以灵活多样,可以根据不同的学生、教学内容、课型及教学条件灵活编制,对同一教学内容的设计不能单一呆板,更不能一味追求形式,而是要事先设计多种方案,选择确定其中一个最基本的方案写在书面学案上,其余放在教师脑海里,便于在教学活动中及时根据学生的学习情绪调整学习方案。

7. 层次化原则

学案的设计应体现明显的"梯度分布",要遵循层次化的原则。在学案中,知识与能力的设计要由浅入深,由表及里,循序渐进,其分布依据是每一位学生的认知水平、理解能力及教材的内容。在基础知识整合部分,就不能太难,而在"问题探究"与"习题反馈"中就不能太易,学案中的问题设计要有梯度,要能体现因材施教的原则。

(三)历史学案的基本要素

1. 学习目标

学案中要体现明确的学习目标,使学生能够围绕目标学,教师围绕目标教。

2. 知识构成

知识构成可以分成基本线索和基础知识两部分。

(1)基本线索

线索包括学科整体知识结构、单元或章的知识结构、各节基本结构线索,它是学科知识的基本框架,编写时,它一般以填空的形式出现,让学生在预习的过程中完成。

(2)基础知识

基础知识是学案的核心部分,主要包括基本知识点、教师的点拨和设疑、材料的应用、分析归纳等。这些要素的编排要体现教师的授课意图。对于重要的知识点,可以填空的形式出现,让学生在课前预习时完成,从结构和细节上对所学内容有所了解。学生看书作答的过程也就是对所学知识的发现过程。

3. 学法指导

教师需要告诉学生一些学习的方法,这样学生才可能有针对性地进行总结、归纳,才不至于迷失在具体知识的汪洋大海中。缺乏教师的方法指导,学生的学习很可能形成一种放任自流的状态。

4. 技能训练

技能训练是对一节课学习的检验,训练题的设计要体现出针对性、实用性和可操作性,既要有基础知识的检验,又要有基本技能的训练。这些练习可以穿插在教学过程中,也可以作为课后的知识检测。

5. 归纳小结

归纳小结是对本课所学知识、方法、规律的总结,在课堂上完成教学任务后进行,由学生在教师启发、引导下完成。

(四)学案式教学模式的操作程序

学案式教学的落实是在课堂教学中,学案式教学依据教学目标、教学内容、学情和学生反馈等各方面的不同,可有多种模式,如有教师总结出五种模式。

第一种,学法点拨—筛选信息示例—问题探究—迁移拓展。

第二种,学法建议—释疑解难—典型题例—知识训练。

第三种,(诱导式)提问—讨论—归纳+练习。

第四种,(开放式)质疑—探究—小结—练习。

第五种,(技能式)示范—实践—评优—作业。

不管是哪一种模式,其操作流程有相似之处,主要包括以下三个环节。

1. 课前

教师:编制学案(导向阶段)。

学生:预习教材(准备阶段)。

2. 课中

教师:发放学案、情境激趣—释疑、解惑、启智—当堂训练。

　　　　[导思阶段]　　[导学阶段]　　[导练阶段]

学生:依案自学、质疑设疑—合作、讨论、创新—当堂落实。

　　　　[初识阶段]　　[认知阶段]　　[提高阶段]

3. 课后

教师：评析学案、矫正辅导（检测阶段）。

学生：练习反馈、反思提升（巩固阶段）。

从以上流程中，我们可以看到学案式教学包括课前、课中和课后三个大的环节，其中在课中，即"学案的实施"这一环节最为关键和重要，这一过程也能充分体现学案式教学以教师为主导和以学生为主体的特征，有利于学生学习自主性的发挥。这里有几个步骤较为重要。

第一，激趣。在学案式教学过程中，教师要创设情境，时刻激发学生的求知欲望，保持学生思考问题的激情。

第二，自学。学案式教学旨在培养学生学会学习，在教师发放学案之后，学生要依案自学，在预习提示、知识纲要及教师具体要求的指引下，自主阅读教材内容，边读、边思、边练，初步贯通教材大意，疏通知识要点，记录自己的质疑。在学生依案自学时，教师要巡视课堂，以了解学生的自学进度。

第三，学生合作讨论与教师释疑解惑。这一过程要充分保证学生的讨论时间，利用小组的智慧，相互之间取长补短，培养协作与团队精神。

第四，检测。学案教学要当堂训练，当堂落实。

（五）实施学案式教学时要避免的误区

1. 学习目标不多维

学习目标应为三维发展目标。学习目标要针对学生，应与教学目标相区别，要关注学情，尊重学生意见，尤其是让学生明确重难点，在单元复习的学案中要能明晰本节内容和其他章节的联系。

2. 学案编写习题化

教师将学案变成习题集，只是简单地照搬教材内容，学生进行学案的自主学习的过程也就成了对照教材寻找答案的过程，教师的教学也仅仅只是师生共同完成答案的过程。

3. 学习过程放任

教师要发挥引导者的作用，及时有效地掌控全局。具体来说，教师应该做到以下几方面。

第一，要让学生十分明确学习目标。

第二，教师要巡查，对学生中出现的共性问题要及时指导。

第三,在学生自学过程中,与学生平等对话。
第四,对学生最后解决不了的问题,教师要主讲。

五、行为控制教学模式

(一)行为控制教学模式的含义

历史教学的行为控制教学模式是在历史课堂教学中,以学生良好学习行为的形成和不良学习行为的修正为主要目的的一种教学模式。

(二)行为控制教学模式的指导思想

历史教学的行为控制教学模式的指导思想是以美国当代心理学家斯金纳为中心的行为主义心理学说,即通过对学生学习行为的刺激与强化,来促进学生学习行为的形成或修正。

在行为主义心理学看来,强化可以分为两种。

第一种是对学习者的反应频率进行增强的正强化。

第二种是对学习者的反应频率进行减弱或排除的负强化。

(三)行为控制教学模式的操作程序

历史教学的行为控制教学模式在进行操作时需要遵循一定的程序,具体如下。

第一,对行为目标进行定义,即明确通过行为控制教学模式要使学生养成哪些良好的学习行为,改变哪些不良的学习行为。

第二,详细记录目标行为的出现时间、出现条件、出现对象等,以便明确行为发生的基准线,为确定列联(即刺激与强化之间的对应)计划的速度、有效性和实施状况等提供一定的依据。

第三,对列联计划进行制订,要详细确定创设情境、选择强化物和强化序列等内容。

第四,对列联计划进行实施,并切实保证其获得一定的效果。

第五,对列联计划进行评价,主要是通过旧的强化再次测量目标行为,观察是否还会出现原有的不良反应。

(四)行为控制教学模式应注意的问题

在历史教学中,要想使行为控制教学模式发挥出最大的作用,需要注意以下几方面。

第三章　掌握方法：历史教学的模式与方法研究

第一，历史教师在运用行为控制教学模式时，要注意通过对学生适当行为的奖赏来对其进行正强化，通过对学生不适当行为的批评或处罚来对其进行负强化。同时，教师在运用正强化或负强化时，要把握好度，以免引起学生的反感，甚至引发更为严重的不适当行为。

第二，历史教师在运用行为控制教学模式时，要注意选择适当的强化物，如微笑、赞扬、拥抱等社会强化，图书、画片、笔记本等物质强化，奖状等票据强化等。

六、范例教学模式

（一）范例教学模式的含义

历史教学的范例教学模式是在历史课堂教学中，教师选择基础的、本质的知识作为教学内容进行"范例"的讲授，并使学生通过举一反三对同类知识进行掌握的一种教学模式。

（二）范例教学模式的指导思想

历史教学的范例教学模式的指导思想是在教学中应对原有教材内容进行适当的取舍，在突出重点、抓住难点的基础上，对枝节问题简单讲授即可。

（三）范例教学模式的操作程序

历史教学的范例教学模式在进行操作时需要遵循一定的程序，具体如下。

第一，范例地阐明"个"，即历史教师在教学中，通过个别的对象或个别的事实对事物的本质特征进行说明。

第二，范例地阐明"类"，即历史教师在教学中，以个案为出发点，对"类"似的现象进行探讨，并总结出它们之间所具有的相同本质特征。

第三，范例性地揭示规律，即历史教师在教学中，将在"个别"抽象为"类"的基础上，揭示出"类"背后所隐藏的规律性的东西。

第四，范例性地进行学习方法指导，即历史教师在教学中，为了保证学生在获得知识后不会停留在经验的简单积累而对其进行学习方法的指导。

（四）范例教学模式应注意的问题

在历史教学中，要想使范例教学模式发挥出最大的作用，需要注意以下几方面的问题。

第一，历史教师在运用范例教学模式时，要认识到范例虽然是个别的，但并不是孤立的，因而要充分考虑到范例之间的联系。

第二，历史教师在运用范例教学模式时，要注意充分调动起学生参与教学过程的积极性和主动性，并积极引导学生进行独立的思考。

第三，历史教师在运用范例教学模式时，要切实考虑到学生的知识水平和认知特点。

七、社会考察教学模式

（一）社会考察教学模式的含义

历史教学的社会考察教学模式是将历史课堂教学与课外历史调查活动结合起来，使学生更真切地感受历史，并提高学生的信息搜集能力和社会实践能力的一种教学模式。

（二）社会考察教学模式的指导思想

历史教学的社会考察教学模式的指导思想是学习应该与生活和实际相贴近，将书本知识与社会实际有机地结合起来，从而在社会实际中获得更加有效的学习信息。对于历史学习来说，很多历史信息并没有直接出现在书本中，因而需要走出课堂到实地进行考察，以获得更加全面的历史知识，并借此锻炼自己的社会实践能力。

（三）社会考察教学模式的操作程序

历史教学的社会考察教学模式在进行操作时需要遵循一定的程序。
第一，对社会考察的目的进行确定。
第二，对社会考察的任务进行明确，并制订出考察的方案。
第三，对社会考察的任务进行分工，并确定进行考察的场所。
第四，进行实地社会考察，搜集相关的资料。
第五，对搜集的相关资料进行整理、分析，并得出结论。
第六，对结论进行交流与总结。

第三章　掌握方法：历史教学的模式与方法研究

(四)社会考察教学模式应注意的问题

在历史教学中,要想使社会考察教学模式发挥出最大的作用,需要注意以下几方面的问题。

第一,历史教师在运用社会考察教学模式时,要注意将社会考察活动与书本知识的学习相结合。

第二,历史教师在运用社会考察教学模式时,要注意充分调动起学生走出课堂进行学习的兴趣。

第三,历史教师在运用社会考察教学模式时,不可强行规定成果的形式,而应该积极鼓励多样化的成果形式。

第四,历史教师在运用社会考察教学模式时,要注意加强指导,使学生形成良好的合作意识,并及时解决学生在考察中出现的问题。

八、情景复现教学模式

(一)情景复现教学模式的含义

历史教学的情景复现教学模式是在历史课堂教学中,教师通过对历史情景的模拟、复现或再造,来激发学生的学习兴趣、调动学生的学习热情、引发学生的积极观察与思考,进而使学生更好地掌握知识和发展能力的一种教学模式。

(二)情景复现教学模式的指导思想

历史教学的情景复现教学模式的指导思想是学生的学习是认知活动与情感活动相互作用的发展过程,因而需要轻松而愉快的教学环境;学生的认识是逐渐从表象上升到理性的,因而其对历史的认识不应该仅仅停留在理解概念上,而应该通过对历史的感受和体验形成对历史的抽象认识。

(三)情景复现教学模式的操作程序

历史教学的情景复现教学模式在进行操作时需要遵循一定的程序。

第一,对教学目标进行制订。

第二,对教学的历史情景进行创设。

第三,深入历史情景进行教学。

第四,对历史情景进行分析理解。

第五,在对历史情景进行归纳评论的基础上得出结论。

(四)情景复现教学模式应注意的问题

在历史教学中,要想使情景复现教学模式发挥出最大的作用,需要注意以下几方面的问题。

第一,历史教师在运用情景复现教学模式时,要注意调动起学生参与教学的情绪和情感,以便他们能够真正地投入到学习中。

第二,历史教师在运用情景复现教学模式时,要注意借助多种展示方式和手段对直观而形象的历史材料进行充分利用。

第三,历史教师在运用情景复现教学模式时,要注意对学生的想象力和表现力进行激发,并要积极鼓励学生进行讨论与交流。

第四,历史教师在运用情景复现教学模式时,要注意对情景复现的过程和节奏进行控制与调节,以使其更好地为学生所接受。

第五,历史教师在运用情景复现教学模式时,要注意教会学生如何透过现象看本质。

第五节 历史教学的方法研究

一、历史教学方法的界定

历史教学方法的界定关乎历史课程与教学目标的实现与否。综合已有的研究成果,历史教学方法的界定应考虑以下四个主要因素。

(一)体现特定的教育教学理念

历史教学方法不仅仅是教学方式和手段的技术性、技巧性的问题,而且体现了深层次的教学理念问题。随着时代的发展,教育教学理念也在更新,其变化必然会反映在教学方法的界定上。教学方法体现了特定的教育教学理念。

(二)体现学科教学内容的要求

教学方法与教学内容是统一的,不同的学科教学,必然会形成反映本学科特点的相对固定的教学方法。历史教学方法也必然要适合历史学科知识的学习方法和思维方法,从而形成具有历史学科特色的教学方法。历史学科知识所具有的时序性、过去性、综合性等特点直接制约和影响着历史教学方法。

(三)体现现代教育教学方式与手段

教学方式与教学方法只有一字之差,但二者有根本上的不同。教学方法是一个独立的结构单位,服从于课程目标和教学任务,并带来预期的教学效果。教学方式不能独立实现课程目标和完成教学任务,只是服务于特定的教学方法。换言之,教学方式是依附于教学方法而存在的。

教学手段是指实现教学方法的工具,主要是指教学的物质手段。教学手段虽然功能不一,但只要使用得当,就能发挥作用,提高教学效果。

(四)体现教师和学生的双向活动

现代教育教学理论认为,教学方法是在教师的主导下,师生在教学活动中共同进行、相互作用的过程。该理论对历史教学方法的指向非常明确。

首先,明确了教师的主导地位和学生的主体地位。

其次,明确了教师和学生各自应发挥的作用。

教师的主导地位决定着教法对学法的指导作用。同时,学生的主体地位在一定程度上制约着教师对教学方法的选择和运用。因此,历史教学方法强调的教师和学生的双向活动,充分体现了在教师的引导下,学生进行合作、自主、探究式学习,实现历史课程的三维目标,为可持续发展和终身发展奠定基础。

基于以上几个要素的考虑,历史教学方法是指在一定教育教学理念引领下,教师和学生为了实现共同的历史课程目标,完成共同的历史教学任务,在历史教学过程中运用的方式与手段的总称。

二、历史教学方法的特点

历史教学方法具有显著的特点,概括来说主要包括以下几方面。

(一)多样性

多样性表现在相同的教学目标和课型,可以运用不同的教学方法或多种教学方法的不同组合来达成。

(二)系统性

系统性表现为"四双"。历史教学方法就是在"四双"系统的耦合中展开的。

第一,双周体,即社会大环境和学校教育小环境。

第二,双主体,即教师和学生。

第三,双客体,即教材和客观世界。

第四,双介体,即语言系统和操作系统。

(三)发展性

发展性表现在以下两个方面。

第一,对现行较为成熟的教学方法注入新理念、新思维和新手段,努力反映时代的要求和特点。

第二,所有的教学方法都来自教学实践,教师应该发挥自己的主观能动性,创新教学方法。

(四)互补性

互补性表现在为了实现教学目标和完成教学任务,教师或可综合各种教学方法,取长补短,或以一种教学方法为主,其他教学方法为辅,配合运用,相辅相成,发挥整体综合效应。

三、历史教学方法的主要类型

(一)口授知识法

1. 口授知识法的特点

第一,能够体现教师的主导作用。

第二,能够提高课堂教学的知识密度。

第三,能够适应各种教学内容和课程类型。

第四,能够适应历史学科的教学需要。

2. 口授知识法的种类

(1)讲授法

讲授法的功能在于教师运用科学、准确和生动的语言,对历史学科有关的概念、术语、理论、插图等内容进行讲解,从而帮助学生形成科学的历史认识,提高学生历史思维能力。具体可以分为讲解法、讲读法、讲演法

第三章 掌握方法：历史教学的模式与方法研究

三种。

①讲解法。历史教学中运用讲解法，其教学目标是帮助学生解决历史学习过程中的难点，为进一步的历史学习奠定基础。讲解法的适用范围包括以下几方面。

第一，生僻的字、词、句、术语。

第二，难懂的历史概念。

第三，深奥的史学理论。

运用讲解法应注意两个方面。

第一，解释要准确。

第二，史论要结合。

②讲读法。讲读法是指在教师指导下，通过师生双方诵读，并加以阐释和分析教科书的相关内容来加强历史知识教学的一种讲授方法。运用讲读法的教学目标是引导学生通过教科书去掌握和理解历史知识，从而培养学生的阅读能力、自学能力和思维能力。讲读法的适用范围包括以下几方面。

第一，经典作家的论述。

第二，典型史料的引文。

第三，历史上的典章、法令、条约的内容。

第四，地图、插图等。

第五，对重大历史事件和重要历史人物的评价。

运用讲读法时应注意两点。

第一，突出学生的主体地位。

第二，提高学生的阅读能力和自学能力。

③讲演法。讲演法是指教师对有关教学内容进行充分的展开、系统的阐述和深入的分析，并得出科学结论的一种讲授方法。在运用讲演法时应注意以下三点。

第一，典型的材料。材料是历史学科的基础，没有材料的支撑，阐述与分析则是空中楼阁。

第二，正确的理论。这里主要是指与历史学科有关的科学理论。科学理论是对历史事件和历史人物进行阐述与分析的价值引领。

第三，必备的技能。在讲演法中，教学技能中的深入浅出尤为重要。

（2）讲述法

讲述法的功能在于教师运用科学、准确、生动的语言，连贯地叙述、描述或概述历史事件、历史人物活动等历史现象发生、发展及其变化过程，帮助学生形成表象，进行想象，获得正确的历史知识。具体可以分为叙述法、描述法和概述法三种。

①叙述法。叙述法是教师按时间顺序向学生陈述历史现象、历史事件的发展过程和主要历史人物的活动过程的一种教学方法。在运用叙述法时应注意以下两点。

第一,利用历史人物的原话增强历史真实感和形象性。

第二,提高叙述的感染力。叙述历史事件或人物时,教师应以唯物史观为指导,将情感态度与价值观教育渗透到历史叙述之中。

②描述法。描述法是教师对典型历史事件、历史人物、历史场景、文化成就等进行富有时代色彩的细致描绘,以再现历史的一种教学方法。运用描述法应注意以下五点。

第一,突出教学重点。

第二,体现科学性。

第三,体现时代特征。

第四,教学语言要具体,生动,形象,富有激情。

第五,加强学生的感官体验。应采用多种教学手段,充分调动学生的各种感觉器官,有利于形成学生的历史表象。

③概述法。概述法是指教师对非重点的教学内容进行概括性讲述的一种教学方法。其适用范围包括两个方面。

第一,一堂课的开头和结尾。对于课堂开头,概述法可以简明扼要地勾勒历史史实全貌,或揭示历史史实的性质和意义。对于课堂结尾,概述法可以将学生学过的历史知识系统化,使学生了解历史发展中各个阶段的主要特点,或揭示历史史实的本质属性和发展规律。

第二,非重点部分。重点内容固然重要,但非重点内容也是不容忽视的,概述法对非重点部分可以进行高度概括。

在运用概述法时应注意以下两点。

第一,重在以理服人,给学生理性的、系统的、本质的知识。

第二,要求语言精练,概括性强,条理清楚,评述得当,语言平实。

(二)组织活动法

1. 组织活动法的特点

作为课程改革的新生事物,组织活动法的优势日益凸显,其主要包括以下几个特点。

第一,能够调动学生的学习积极性。

第二,能够体现"以活动促发展"的现代教育理念。历史知识内容和

第三章 掌握方法：历史教学的模式与方法研究

特点的独特性使得教师可以通过组织活动法实现有效课堂教学。

总之，组织活动法能引导学生在活动中体验，在活动中发展，从而实现历史学科的三维目标。

2. 组织活动法的分类

（1）谈话法

谈话法又称"问答法"，是教师根据学生已有的知识或经验，设计系列问题，创设问题情境，通过师生提问和对话的形式，激发学生的积极思维，引导学生理解和掌握历史知识的一种教学方法。

从教学目的来说，谈话法就是要引导学生积极思维，进行历史分析和逻辑分析，从而理解历史知识，得出结论，形成概念，获得真知。其形式可以分为三种。

第一，启发性谈话。其重点在于教师指导和鼓励学生积极思维。

第二，概括性谈话。其重点在于教师依据教学重点、难点和内在逻辑结构，对已讲史实提出一系列问题，培养学生分析问题和解决问题的能力。

第三，巩固性谈话。其重点在于教师根据教学重点和难点，从巩固知识的角度对已讲史实设置一系列问题，与学生对话，从而巩固新知识。

从教学阶段来说，它可以分为三个阶段。

第一，新课导入。

第二，新课讲授。

第三，新课总结和复习。

运用谈话法时应注意以下六点。

第一，以师生情感交流为基础。

第二，营造宽松、民主、活跃的谈话氛围。

第三，围绕教学重点和难点进行。

第四，评估学生的实际水平。

第五，面向全体学生。

第六，对谈话所提的问题进行总结，充分肯定正确的回答，补充不全面之处，纠正错误的地方，并使分散的、个别的知识得到归纳和系统化。

（2）课堂讨论法

课堂讨论法是教师根据学习的主题或探究的课题，组织学生以各种形式进行讨论、发表见解，使之互相启发、共同学习的一种教学方法。作为一种有利于学生综合素质提高的教学方法，课堂讨论法体现了以学生为本的现代教育理念，有利于学生在教学过程中发挥主体作用。一般来说,课堂讨论法的讨论题有三种。

第一,开放性的问题。学生可以从不同的角度进行思考,发表自己的看法或观点。

第二,有争议的问题。

第三,教学的重点、难点问题。

运用课堂讨论法时应注意以下四个要求。

第一,教师的主导。与其他教学方法相比,课堂讨论法对学生的知识广度和深度有较高的要求,教师应该发挥其主导作用,对讨论的背景、过程和小结进行充分的准备,引导讨论顺利进行。

第二,主题的展开。讨论必须要有方向性和目标性,在讨论过程中,要始终坚持围绕特定主题进行广泛而深入的讨论。

第三,观点的碰撞。在讨论过程中,教师应该充分发扬民主,鼓励学生各抒己见,不必拘泥于教科书的观点。

第四,学习方式的引领。新课程标准提倡自主、探究和合作学习的学习方式。课堂讨论法应将这些学习方式融为一体,引领学生实现学习方式的转变。

(3)角色扮演法

角色扮演法是要求通过运用虚拟的场景以及学生的表演,呈现历史的活动,以调动学生的学习积极性,发挥学生的想象力,使学生体验到历史中的真实情感,加深对历史知识的理解和历史认识的内化。在运用角色扮演法时应注意以下三点。

第一,机会的均等性。

第二,主题的真实性、完整性和深刻性。

第三,实施的有效性。

(三)直观教学法

1. 直观教学法的特点

直观教学法具有显著的特点,概括来说主要包括以下几方面。

第一,直观性强。能帮助学生理解复杂的历史现象、历史事件和历史人物。

第二,形象逼真。能诱导学生再造想象,增强学生对历史知识的感性认识。

第三,能充分调动学生多种感官参与学习活动,以激发学习兴趣,提高观察和思维能力。

第三章 掌握方法：历史教学的模式与方法研究

直观教学法符合学生从具体到抽象、从感性到理性的认识规律。总之，直观教学法的功能在于充分刺激学生的感觉器官，调动学生的学习积极性，从而使学生获得鲜明、具体、完整和深刻的历史知识。

2. 直观教学法的种类

（1）直观教具演示法

直观教具演示法是指教师在教学过程中，运用直观教具，对教学内容加以说明和解释，使学生通过观察思考而获得历史知识的一种教学方法。直观教具演示法能成为历史教学广泛运用的一种教学方法，主要原因有两个。

第一，历史知识的特点使得历史概念和历史规律的获得需要大量直观的历史材料做支撑。

第二，兴趣是最好的老师。直观教具演示通过刺激学生的各种感觉器官，调动学生学习历史的积极性。

不同的直观教具有不同的功能，这主要表现在以下几方面。

第一，历史地图。其功能在于通过再现历史现象、历史事件的空间位置、自然环境及其地缘关系，帮助学生形成历史的空间概念。

第二，历史教科书插图。其功能在于通过图文并茂的直观特点，增加历史具体感和真实感，调动学生的学习积极性。

第三，历史年表。其功能在于通过理顺历史发展线索，帮助学生强化对重要的历史时间的记忆，并形成历史的时间概念，认识历史的本质和发展规律。

第四，历史文物、历史模型和历史图片。这些直观教具的功能在于通过历史真实感和具体感，帮助学生形成正确的历史表象和历史概念。

第五，历史图表。其功能在于将复杂的历史现象、历史事件以及它们之间的关系以具体简单、系统明了的形式呈现出来，帮助学生获得历史知识。

在运用直观教具演示法时应注意以下三点。

第一，根据教学内容选择和制作直观教具进行演示。

第二，确保直观教具的科学性。历史史实是真实而具体的，无论哪类直观教具都必须真实具体，知识准确，重点突出，给学生科学的历史知识。

第三，选择恰当时机出示直观教具。一般是在讲解与直观教具有关的教学内容时才出示并讲解。

（2）图示法

图示法又称"图文示意法"，是依据系统论和信息论原理，将教学内容的知识提炼、浓缩成要点,按知识的内在联系,用符号、文字、数字、图形、颜色等元素编排组合成一种视觉图像,使学生感知、理解、记忆历史知识,形成对历史知识内在联系和本质的认识的一种教学方法。

运用图示法有以下三个步骤。

第一,感知教学内容。

第二,理解教学内容。

第三,深化教学内容。

在运用图示法时应注意以下四点。

第一,图示设计的简明性。化繁为简是图示法的一大特色。因此,在设计图示时,要首先考虑简单明了,要把复杂的历史内容高度概括提炼,使其起到示意的作用。

第二,图示符号的统一性。图示中所用的图形等符号要统一,避免混乱。

第三,图示设计的整体性。无论是一个历史事件或历史概念的图示设计,还是对完整课时、章节和专题的图示设计,均要体现教学内容的完整性和系统性。

第四,图示设计的趣味性。图示的趣味性在于设计图示时要尽量适合学生的心理状况,通俗有趣。

(四)问题探究法

问题探究法是教师在课堂中创设问题情境,引发学生的疑问和想法,使其互相碰撞,从而使学生认识、理解历史问题的教学方法。其理论基础是建构主义关于"学生学习的过程是主动地建构知识的过程"以及"人们的认识起于问题的发生,没有问题就谈不上学习和研究"的观点。历史学习是一个从感知历史到积累历史知识、从积累历史知识到理解历史知识的过程。在这个过程中,问题探究式的教学有助于学生养成思考的学习习惯,以及善于从不同的角度发现问题、积极探索解决问题的方法。通过不同观点的碰撞、交锋和教师的点拨,学生可以加深对历史问题的认识,并做出自己合理的或自圆其说的解释。

(五)史料研习法

史料研习法是教师根据教学内容的重点确定研究课题,选择一些原始史料,组织学生进行研究的一种探究式教学法。在开展史料研习时,恰当选择和呈现史料是教学成功的前提。通常教师应该选用多则材料,让学生进行比较和对比。这些材料中有第一手材料,也有第二手材料,甚至

第三章 掌握方法：历史教学的模式与方法研究

还可以有歪曲的、伪造的材料；材料所反映的史实和观点有正确的，也可以有错误的，以训练学生的辨析能力。材料的形式多样，但是以文字材料为主。史料研习通常可以与讨论结合进行。

（六）辩论法

辩论法是事先预设一个问题的两种相反观点，让学生分组展开辩论的方法。

1. 辩论的组织形式

辩论一般是将学生分为三组，即正方、反方、评论方。先由正、反两方的代表发言，进而双方展开辩论，然后双方做总结性发言，最后由评论方对双方提问和发表见解，并最终决定胜负。

2. 组织辩论应注意的问题

在组织辩论时，所选辩论题目应该是中性的，有利于双方都能充分发表意见。选题确定以后，要事先安排学生做好准备，让学生分工合作，分别收集资料，准备论据。在辩论结束后，教师要在现场对活动及时进行总结。

四、历史教学方法的选择与运用

历史教学往往要综合运用多种教学方法，至于在历史教学中到底运用哪些方法效果最好，关键在教师。教师要根据不同的教学内容，学生的心理发展水平、知识积累程度，自己的学术水平、性格、能力，以及学校的教学条件等因素，选择不同的教学方法或教学方法组合，以达到最佳教学效果。在决定教学方法选择的诸多因素中，教师的水平是起决定作用的。教学方法本身不分优劣，只能说某种方法适合某些内容、某类学生、某类教师。至于选择哪种方法最合适，主要取决于教师。

（一）历史教学方法的选择依据

1. 基于历史课程标准

历史课程标准是历史教学的灵魂和导向，是历史教师选择教学方法的基本依据。作为教师，应认真钻研历史课程标准，理解其实质，把握其精髓，灵活有效地运用各种教学方法，谋求最佳教学效果。

2. 基于历史教学目标和教学内容

历史教学目标和教学内容是历史教学的中心工作,是历史教师选择教学方法的重要依据。作为教师,应认真研究历史教学目标和教学内容,根据不同的目标和内容要求,选择有针对性的教学方法,提高教学的有效性。

3. 基于历史教学条件

历史教学条件是选择历史教学方法不可忽视的依据。作为教师,一方面要因地制宜,充分利用现有的教学条件,最大限度地实现课程目标和完成教学内容;另一方面,要充分发挥自身的主观能动性,敢于创新教学方法,也能取得好的教学效果。

4. 基于学生学习现状

学生是历史教学的主体,是选择历史教学方法的重要依据。作为一个完整的独立体,因遗传、环境、教育等诸多因素的影响,学生存在着智力和非智力因素的差异,表现在学习上,会有不同的学习风格和学习能力,呈现出鲜明的个性化特征。作为教师,应主动践行新课程强调的"育人为本"理念,在教学方法的选择上不要拘泥于某种方法,只要有利于学生发展的教学方法都可以采用。

5. 基于教师自身特点

教师的劳动极具个性,也就是我们常说的教学个性。所谓教学个性,就是指教师作为个体通过与其他教学要素的相互作用在教学活动中的反映。它能被教学对象直接或间接感知和描述,因而具有教学上的意义。教学个性包括教师的教学思想、情感、性格、能力和机智性,从较为显性的教师能力来说,历史教师可以分为四种类型。

第一种,具有较强的语言表达能力。这类教师可以多采用口授法。

第二种,具有较强的学术研究能力。这类教师可以选择活动法,通过活动,引导学生自主探索,可能会取得良好的教学效果。

第三种,具有较强的艺术表现能力。这类教师可以多采用直观法。

第四种,具有较强的多媒体课件制作能力。这类教师可以多采用多媒体手段。

作为教师,应该了解和认识自己的教学个性,扬长补短,以较好的形式表现出来,产生最佳的教学效果。

第三章 掌握方法：历史教学的模式与方法研究

（二）历史教学方法的运用原则

在运用历史教学方法时应遵循以下原则。

1. 目标性

一堂课需要一个科学、系统和清晰的教学方法来支撑。运用教学方法必须明确教学目标。凡是能有效实现教学目标和内容的教学方法都是好的教学方法。

2. 科学性

历史知识的科学性要求尊重历史事实，避免历史概念混乱。因此，无论是独立运用某种教学方法，还是综合使用几种教学方法，其基础都是历史知识的科学性。

3. 启发性

所有的教学方法都以一定的教学思想为指导。以启发性为指导思想的教学方法强调教师的教是为学生的学服务的，教师所运用的教学方法就是为了启发学生积极思维、主动学习，实现从感性到理性、从生动形象的直观到理性抽象的思维的飞跃。

4. 学科性

教学方法的有效性与学科特点是密不可分的。历史知识具有时序性、过去性、具体性等特点。时序性要求教学方法能体现历史事实的纵横关系，使学生理解历史事实的内在联系、特征和规律；过去性要求教学方法能发挥学生的想象力，重构过去的历史事实；具体性要求教学方法使历史事实生动、形象和富有感染力，使学生获得形成历史概念所需要的感性材料。

5. 综合性

课堂教学是由教学内容、课型特点和教学时间等因素构成的，这就决定了一堂课不可能只采用一种教学方法，而要求采用综合性教学方法。教学方法的综合性要求教师了解各种教学方法的功能，取长补短，充分发挥教学方法的工具作用。

第四章 有效实施：历史教学过程与策略研究

历史教学过程是指学生通过历史课掌握基本历史知识、发展智力和能力、受到情感态度与价值观熏陶的具体过程。历史教学策略是指在特定的教学情境中为完成教学目标等而制订的教学程序计划和采取的教学实施措施。历史教学过程与策略都是历史教学的重要组成部分，本章即对二者进行简要研究。

第一节 历史教学过程的内涵

一、教学过程界说

关于教学过程的认识，学界和教育界见仁见智，观点纷繁复杂。其中，较有代表性的观点有以下四种。

（一）特殊认识说

特殊认识说认为，教学过程本质上是一种特殊的认识过程，是学生个体认识活动，是人类文化传承、知识再生产和学生身心发展相统一的过程，是有别于人类总体认识和一般个体认识的特殊个体认识形式。

（二）发展说

发展说认为，教学过程是促进学生发展的过程，其本质就是受教育者在教师的引导下，有计划、有目的地积极主动发展自己，使自己努力达到培养目标要求的过程。

第四章　有效实施：历史教学过程与策略研究

（三）交往说

交往说认为，教学是一种特殊的交往活动。教学是有知识和经验的人与获得这些知识和经验的人之间交往的特殊场合，师生之间的交往就是教学存在本身。

（四）实践说

实践说认为教学是一种特殊的实践活动。教学过程的实践说具体有以下两种。

1. 教师实践说

教师实践说着重于教师作为实践主体对学生客体进行转变，认为教学就是教师引起、维持与促进学生学习的所有行为。

2. 共同实践说

共同实践说着重于师生共同进行的实践活动或行动过程，认为教学本质是教与学相统一的社会实践活动。

二、历史教学过程的本质

历史教学过程的本质是指学生在教师引领下，通过师生互动，积极主动地学习历史基本知识，发展能力和智力，陶冶情操、发展个性的特殊交往实践过程。在具体的教学过程中，师生之间围绕着具体教学目的、教学内容而开展教与学的活动。教学活动不仅仅是一种认知过程，更是师生之间、生生之间的交往过程。教师是知识的促进者、引导者，学生是知识的发现者、创造者。师生在双主体性交往过程中，彼此平等，相互尊重，彼此接纳，相互作用，通过交流与合作达成共识。这种历史教学过程体现了本质观，显然吸纳、采用了最新的有关教学过程本质的理论和观点，也切合了时代对教育教学改革的呼唤和需要。最新的教学过程本质论者认为，教学过程是以特定社会历史经验和文化价值内容为中介，以师生间的特殊交往活动为基本形态，以教与学关系的形成和发展为运行机制，以促进人与文化的双重建构为根本目的的实践过程。这意味着，教学过程是教与学的统一，认识与实践的统一，并在教与学的关系中，通过交流、理解和合作的方式得以实现和完成，达到人与文化双重构建的根本目的。历史教学过程也是教师的教与学生的学、认识与实践相统一的交往过程。历史教学不再是由教师单向地向学生展示前人认识的成果，而是在平等的师生关系中,让不同见解和主张相互碰撞。

三、历史教学过程的特征

历史教学过程具有显著的特征,概括来说,主要包括以下几方面。

（一）多维性

培育学生的智能是历史教学过程的基本功能之一。智能的培育是通过一系列对相关知识和技能的学习和掌握来完成的。历史教学中的技能主要是心智技能,它一般是在认知过程中反复练习而形成的,已有的技能可以通过迁移促进新技能的形成。在历史学习过程中,学生所形成的是一种多方面的综合性能力。这是由历史学科本身的综合性和多维性所决定的。历史学科知识极为广博和密集,学科知识的综合性和多维性为学生能力的综合性生成提供了丰厚的基础性养料。

（二）间接性

认识对象的间接性使历史教学认知过程具有明显的间接性特征。从学生学的角度而言,历史教学过程无疑是特殊的认知和学习过程。认知发展是历史教育的基本方面,依据历史课程标准的要求,基本的历史史实、历史概念、历史发展的基本线索和规律三方面的历史知识构成了历史学习的主要知识结构。对于这三个层次的历史知识的掌握,是经由以下三个认知阶段来完成和实现的。

第一,感知历史事实材料,形成历史表象,包括历史时间表象、空间表象和人物物品表象等。

第二,通过积极思维,理解历史事实,掌握本质联系,形成历史概念。

第三,运用已有的历史概念去把握新的历史概念并上升为基本理论,掌握历史发展的规律。

认知对象的间接性是这个认知过程的特殊之处。历史认识的对象是人类以往的发展进程,是已经过去了甚至消失了的人类活动,学生要了解和认识过往的历史进程,无法进行直接接触和实验,只能借助有关学习材料进行间接的认识。

（三）导向性

涵养品性是历史教学过程的又一基本功能,品性指人的智能之外的其他精神能量的特点和倾向性,主要包括思想意识、品德修养、情感态度、

第四章　有效实施：历史教学过程与策略研究

理想信念、价值观念、人格特点等，其中最重要的是自尊、爱、理解与宽容、价值感、责任感。教学过程对人的品性的影响是必然存在的。学习者浸染于教学内容中，在精神心理上会受到各种各样的具体的影响。历史教学在学生情感态度与价值观教育方面具有明显的导向性特征，而且历史科学本身具有丰富的内涵美和智慧，有很多针对品性素质培养目标的内容。中外历史进程中重大事件之间隐含的应变哲理，历史人物的人格魅力等内容，在陶冶学生情操、健全学生人格、培养合作精神等方面有着其他学科无法比拟的优势。

(四) 实践性

"教学过程归根到底是人的自我实践，是促进个体有效成长和社会化的实践过程。"[①] 历史教学过程的实践性，在于让学生在历史长河中通过对一系列历史事件、人物和现象的认知，去体悟人生、激励自我和树立正确的人生观。历史教学过程就是一个师生之间、生生之间在历史情境中感悟生命、体验人生的交往实践过程。

四、历史教学过程的组织形式

(一) 历史课堂教学

课堂教学是班级教学制的具体方式。这种教学组织形式的特点，是教师按照规定的课程方案和课程标准，在规定的时间内，对一定数目的学生进行教学。课堂教学便于发挥教师的主导作用，能保证学生系统地、循序渐进地进行学习。

1. 历史课堂教学的基本类型

历史课堂教学的类型大致可以分为两类。

(1) 综合课

综合课是指在一节课内需要完成两个以上的教学任务。在综合课中，往往包括复习、讲授、巩固、检查等环节。其基本的结构与步骤包括以下几方面。

①组织教学

教师通过与学生互致问候检查学生的出席情况，集中学生的注意力，组织并创造一种能保证教学顺利进行的气氛和环境，使学生在精神上和

---

① 裴娣娜. 教学论[M]. 北京：教育科学出版社，2012：149.

物质上做好上课的准备。

②复习旧课,导入新课

教师通过概述或提问、检查作业等方式,对上节课学习的内容进行复习。复习的内容应是旧课的重点,以及与新课有必然联系的问题。在复习后,教师要做出简短而有说服力的总结,从而引导出与新课的联系。

③学习新知识

教师通过恰当的教学方法,组织学生学习、探索新课的内容,这是完成这一节课教学目的的中心环节。

④巩固新课

新知识学习完毕,需进行总结和巩固,巩固的方式有复述、提问、指导阅读教科书等。

⑤布置作业

布置作业是为了使学生及时复习、巩固课堂上所学的知识,并在实际练习中运用所学,把知识转化为技能、技巧,同时培养学生独立学习的能力,并为学习下一节新课做好准备。

（2）单一课

单一课是指要在一节课内完成一个主要的教学任务的课。历史课的单一课可以分为以下几种。

①导言课

导言课也称绪论课、引言课,是在新学年、新学期开始上历史课时采用的课。导言课的一般结构与步骤如下(图4-1)。安排"导言课"是为了使学生明确学习目的,了解学习步骤和要求,激发学生学习的积极性,并使学生与历史教师建立良好的关系。

②讲授新知识课

讲授新知识课是以整节课或几乎整节课的时间来进行新知识的讲授和学习。它的一般结构和步骤如下(图4-2)。

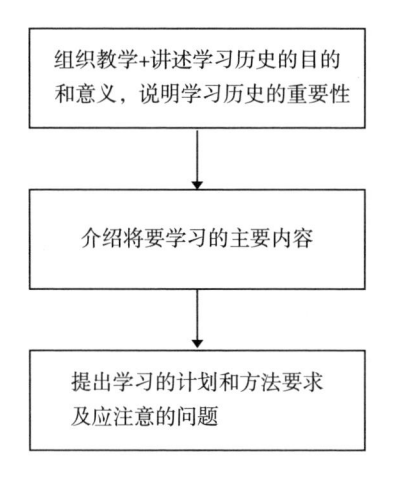

第四章 有效实施：历史教学过程与策略研究

```
组织教学+讲述学习历史的目的
和意义，说明学习历史的重要性
         ↓
介绍将要学习的主要内容
         ↓
提出学习的计划和方法要求
及应注意的问题
```

图 4-1 导言课的一般结构与步骤

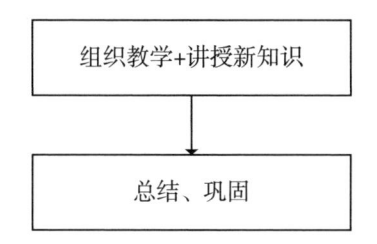

```
组织教学+讲授新知识
         ↓
     总结、巩固
```

图 4-2 讲授新知识课的一般结构和步骤

一般在以下三种情况下才采用这种类型的课。

第一，新学期教学的开始，而且又不需要进行复习和检查。

第二，教材的分量较重，而又必须按照计划在一节课中完成。

第三，学生（常为高中学生）的学习自觉性和理解力较强，而教材又具有相对的独立性。

③总结课

总结课是把一节课的全部时间，主要用于把知识概念系统化，这类课的一般结构和步骤如下（图 4-3）。总结课一般是在一个单元教材教学完成之后采用。

```
组织教学+总结、概括知识
         ↓
       布置作业
```

图 4-3 总结课的一般结构和步骤

·107·

④考查课

考查课也称考试课、检查课。这类课的主要任务是检查学生对所学知识的掌握和运用的情况，并通过考查的成绩来检查教师的教学效果。时间一般安排在期中和期末。其一般结构和步骤如下（图4-4）。

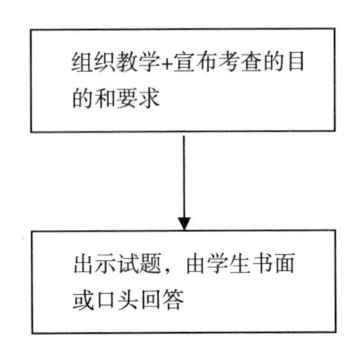

组织教学+宣布考查的目的和要求
↓
出示试题，由学生书面或口头回答

图4-4 考查课的一般结构和步骤

⑤复习课

复习课是把一节课的全部时间用于复习、巩固旧知识。这种类型的课一般是在一个单元教材的教学完成之后或期中、期末考试之前使用。其一般结构和步骤如下（图4-5）。

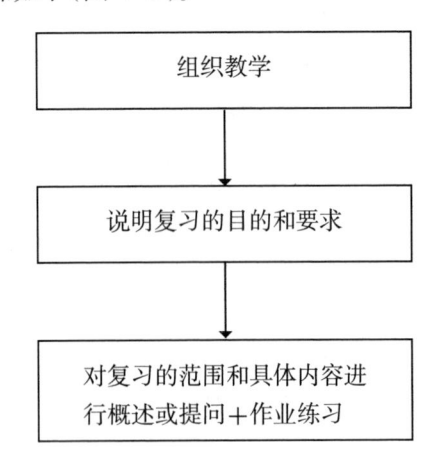

组织教学
↓
说明复习的目的和要求
↓
对复习的范围和具体内容进行概述或提问+作业练习

图4-5 复习课的一般结构和步骤

⑥评讲课

评讲课也称分析课，它的主要任务是通过对考查成果的评定和分析指明学生学习历史过程中的优缺点，使学生认识自己掌握知识和技能的水平，明确今后学习历史应努力的方向。评讲课应安排在考查课之后。其一般结构和步骤如下（图4-6）。

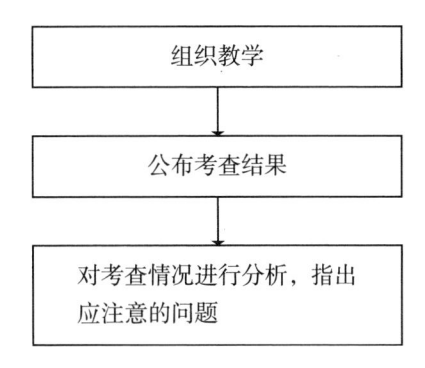

第四章 有效实施:历史教学过程与策略研究

```
┌─────────────┐
│  组织教学   │
└──────┬──────┘
       │
┌──────▼──────┐
│ 公布考查结果│
└──────┬──────┘
       │
┌──────▼──────────┐
│对考查情况进行分析,指出│
│应注意的问题     │
└─────────────────┘
```

图 4-6 评讲课的一般结构和步骤

2.历史课堂教学基本组织形式的新发展

近几年来,为了适应素质教育的要求,各地历史教师在实践中创造了许多新的课堂教学组织形式,主要包括以下几种。

(1)"读、理、练"课堂教学形式

这是一种把教师的讲和学生的学相结合的课堂教学形式,它充分发挥了教师的主导作用和学生的主体作用。

在阅读环节,教师提出精心设计的阅读思考题,组织学生认真阅读课本和补充材料。

在整理环节,在教师的启发、点拨下,学生结合思考题对历史知识进行整理,弄清重点、难点,重组知识结构,达到学习知识和培养能力的目的。

在练习环节,通过多种形式的练习,帮助学生强化概念,巩固记忆,培养运用知识的能力。

"读、理、练"课堂教学形式的典型结构如下(图 4-7)。

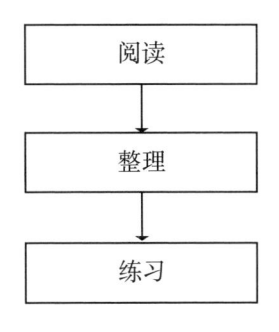

```
┌──────┐
│ 阅读 │
└──┬───┘
   │
┌──▼───┐
│ 整理 │
└──┬───┘
   │
┌──▼───┐
│ 练习 │
└──────┘
```

图 4-7 "读、理、练"课堂教学形式的典型结构

(2)"读、议、练、讲"课堂教学形式

"读"是指学生独立阅读课文,了解基本内容,找出问题,培养阅读能力和自学能力。

"议"是指组织学生展开讨论,通过讨论、辩论、互相启发,理解知识,培养思维能力和表达能力。

"练"是指学生思考和解答为加深理解而设计的练习,达到消化、巩固知识的目的。

"讲"贯穿于教学过程始终,通过教师的讲,进行组织、启发、引导、点拨、解惑、总结。

"读、议、练、讲"课堂教学形式的基本结构如下(图4-8)。

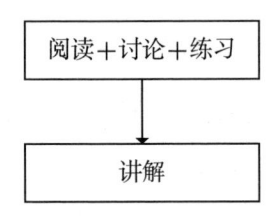

```
阅读+讨论+练习
      ↓
     讲解
```

图4-8　"读、议、练、讲"课堂教学形式的基本结构

（3）"角色扮演"课堂教学形式

角色扮演是历史教学的一种新方法,整个教学由学生和教师通过角色表演进行,将一些抽象的知识以具体的形象做深入浅出的说明。这种教学形式新鲜,生动,可充分调动学生的积极性和主动性。

3. 历史课堂教学的空间结构

（1）秧田型

秧田型是一种传统的师生空间结构排列形式。这种座位排列是封闭的,学生一致面向教师和黑板,即讲台、黑板在前,标明了教师在教室中的常在位置;学生座位排列成直行,类似于"秧田",行行列列都面向前方的教师和黑板。这种结构有明显的优缺点。

①秧田型的优点

秧田型的优点包括以下两个方面。

第一,能够充分利用有限的课堂教学物质空间容纳较多的学生。

第二,在这种空间组合中,教师是课堂教学的中心,有助于教师管理和控制课堂,也有助于减少生生之间的相互行为干扰。

②秧田型的缺点

秧田型的缺点包括以下两个方面。

第一,由于空间布局的限制,师生之间的教学信息流通基本上是单向的。

第四章　有效实施：历史教学过程与策略研究

第二,在这种空间组合中,尤其是规模较大的班级,较利于前排和中部的学生参与教学活动,而后排及教室四角的学生很容易被教师忽视,这不利于教师关注学生个体的具体学习情况。

（2）对应型

在这种排列中,学生分组面对面而坐,便于组内成员相互讨论和交流,并且每个组成员基本上固定,有利于相互了解、长期合作达成默契。当小组讨论问题时,教师既可以全场监控全班小组活动的情况,也可以在小组之间走动进行现场指导。对应型兼有班级集体教学和分组教学的功能,这种结构有利于发挥学生的主体作用和合作关系。

（3）圆周型

具体形式有教师置于圆内型、圆外型,半圆型,同心圆型等,这种座位排列使师生之间尤其是生生之间不再有主次之分,有利于建构平等、和谐、有序的师生关系,有助于师生之间、生生之间的互动与对话,能够有效促进教学交往,适合于各种课堂讨论或相互学习。

（4）马蹄型

马蹄型也称"U"形座位排列,在这种排列中,教师处于"U"形缺口的对面,学生之间可以互相看到,学生也可以看到教师,便于教师主讲,也便于教师与学生之间互相倾听彼此的发言,可以使更多的学生参与到课堂教学中来。马蹄型作为又一种新的课堂空间组合形式,也是一种双向型的信息交流结构,有利于师生双边互动交流。

（5）新月型或弧形

新月型或弧形和圆周型都是一种多向型的信息交流结构,是在教学过程中教师的主导作用和学生的主体地位得以保证的新形式。在这种座位排列中,每排呈弧形。在弧形的对面,可以坐主讲教师,也可以对坐数个矩形座位排列的学生小组。这些学生小组是活动的主要参与者。相对而言,新月型或弧形座位里面的同学更多地扮演观众的角色,当然也可以随时参与到活动中来。小组对抗赛、文艺演出等经常采用这种形式。

（6）模块型

模块型是建立起一块块独立的活动学习板块,使学生能在不同模块中学习。这种座位排列适合于小组活动或个别学习,使每个学生几乎都有自己的活动空间,座位与座位之间存在着便于走动的过道,学生行动起来很方便,又不至于互相干扰。

（二）历史课外教学

1. 历史课外教学的形式

历史课外教学的形式主要包括以下几种。

（1）历史知识竞赛

历史知识竞赛是指通过竞赛方式促进学生的历史学习，加强思想教育，通常能收到较好的教育效果。

（2）历史报告会

历史报告会是指结合历史教学内容，举行各种专题讲座、报告会，拓宽、深化学生的知识，同时对学生进行思想教育。

（3）课外阅读

课外阅读历史读物是学生学习历史的重要途径之一。历史本身丰富多彩，而历史教科书提供的只是沧海一粟。必须通过课外阅读开拓学生的知识面，加深对历史知识的理解。课外阅读可以分为泛读、精读和研究性阅读。

①泛读

泛读是教师开列出一纸书目，让学生根据个人兴趣爱好选择浏览，提高学生学习历史的兴趣。

②精读

精读是教师结合教学内容，指定一些文章和书籍，指导学生深入阅读，以加深对教学内容的理解。

③研究性阅读

研究性阅读是教师布置研究题目，指导学生围绕课题查阅相关资料，写出读书笔记、读史心得、研究报告或历史小论文等。

2. 历史课外教学的注意事项

（1）要有明确的目的

概括来说，历史课外教学的目的主要包括以下几方面。

第一，配合课堂教学，加深和巩固学生课堂学习的内容。

第二，配合国际、国内重大事件、重要纪念日，扩大学生历史知识领域，对学生进行情感价值观教育。

第三，给学生创造条件，鼓励他们自主探究，培养他们分析、解决问题的能力。

第四章　有效实施：历史教学过程与策略研究

（2）要认真准备

历史课外活动的准备可以分两个步骤。

第一，在学期或学年开始制订学期或学年的课外活动计划，明确本学期、本学年开展历史课外活动的内容、要求和时间，并把它纳入学期或学年的计划。

第二，每次活动之前的备课。教师要根据不同的活动方式，进行有针对性的准备。

（3）要因地制宜地开展活动

不同地区的学校，由于所处地区的经济发展程度不同，历史文化积淀也有较大差异，开展历史课外活动的条件也不尽相同。因此，教师组织历史课外活动，一定要本着因地制宜的原则，充分利用当地的有利条件开展活动。

（4）要充分发挥学生的积极性

历史教师应该通过多种方式来发挥学生的积极性，如发动全班同学为历史墙报撰稿，让学生主持小型专题报告会等，只有充分调动学生的积极性，充分发挥学生的主观能动性和创造性，各项历史课外活动才能真正收到预期的效果。

（5）要做到周密、细致地组织工作

历史课外活动的地方往往是野外或展览馆、博物馆，学生随时处在流动中，变数很多。如果组织工作做得不好，就会使活动事倍功半，甚至流于形式。因此，在每次活动之前，为保证活动顺利且有秩序地进行，教师必须要做到周密、细致地组织工作。

（三）历史活动探究式教学

1. 历史活动探究式教学的原则

（1）整体性原则

活动的对象要面向全体学生，使每一个学生都有机会参与活动，展示才华。一方面，要突出全员参与的普遍性。另一方面，又要强调全员参与的特殊性，使每个学生的个性特长、兴趣爱好、能力素质能从不同角度以不同方式展示。目前的主要做法是根据学生个人愿望、智力水平、非智力因素和教师的学情反馈，将学生编成几个活动小组，锻炼其团队合作精神。

（2）趣味性原则

兴趣是学习的动力。历史活动探究课能否达到理想的效果，很大程度上取决于能否激发学生的兴趣。因此，在选择活动形式时，应考虑寓教于乐,根据学生的心理特征创设力所能及的实践活动,以更大限度地激发学生参与的兴趣。

（3）现实性原则

探究历史绝不能脱离现实,必须与现实紧密联系在一起。当然,这种联系不是生拉硬扯,而是要从选取的主题和材料中找到历史与现实联系的契合点,由分析历史问题引发对现实的叩问。

（4）开放性原则

活动探究课的内容和场所应该是开放的,只要能够培养学生的创新精神和思维能力,并且符合学生认知水平,就应采用。活动场所不应局限于课堂,学生可走出狭隘的学校空间,走向广阔的社会生活领域。

（5）实效性原则

要充分考虑学生年龄特征和认识规律,循序渐进,联系实际,突出主题,强调个性,使活动过程具有实际效果。因此,在教学实践中应充分发挥学生的多种感官功能,体现学生对历史专题知识的掌握,体现学生动手、动脑能力,并在一定程度上展示学生平时的学习方法。

2. 历史活动探究式教学的类型

历史活动探究式教学的类型主要包括以下几种。

（1）艺术表现类活动

通过对历史知识进行艺术加工,编成歌舞、戏曲、相声、小品等,激发学生学习历史的兴趣,弘扬民族传统,培养学生的想象力与创造力,同时使情感在历史情境中受到熏陶,从而使学生形成高尚的品格。

（2）历史创作类活动

通过历史故事演讲、专题讲座、历史影视评论、历史人物评析和历史小论文撰写等活动形式,模拟文学家、评论家、历史学家进行创作、研究活动,培养学生收集和处理信息的能力、历史思维能力以及语言文字表达与写作能力。

（3）技能展示类活动

通过学生自己动手,绘制历史地图,编辑报刊,制作幻灯投影、古建筑物和古船模型,甚至编制历史录像片等,增强学生的动手能力,培养学生学习历史的综合技能,同时也可以充分展示学生丰富的想象力和创造力。

（4）社会实践类活动

通过参观博物馆、纪念馆等实践活动方式,将教学由课堂延伸至课外,可以使学生由校内走向社会,开阔视野,将所学历史知识和社会实践相结合,从而培养综合运用历史知识分析和解决问题的实践能力。

3.历史活动探究式教学应注意的问题

在进行历史活动探究式教学时应注意以下几方面的问题。

(1)不能偏离历史活动探究课的目标

历史活动探究课的目标就是通过学生自主学习和探究的方式教会学生研究历史的方法,培养学生用科学理论、方法来看待历史现象、解决历史问题。如果偏离这一目标,就会使这种课偏离主题,成为与历史无关的活动课。因此,教师在组织活动课时,要注意培养学生形成"史由证来"的"求实""求真"精神,对学生的学习过程进行科学引导,培养学生良好的问题意识和思维习惯。

(2)定位明确,精选形式

准备一节历史活动课所花费的时间和精力远远大于普通历史课。这就要求教师在准备和设计活动课时定位明确,首先对传统教学方式不能完成而需要活动探究课来完成的历史教育目标做一个分类,然后结合每学期的历史教学内容,将这些教育目标安排到历史活动探究课中,制订每一节活动课的教学计划。

(3)课前应做好充分准备

历史课的探究不应局限在课堂内,很多需要课前花几天时间去做,学生们可以在家里、在图书馆、在历史文化遗址或其他与历史教育有关的场所进行探究活动。只有做了充分准备,才有可能在课堂上开展进一步的探讨。

(4)教学评价与教学过程应该同步进行

开展历史活动探究课应该为每位学生建立教学档案,详细记录每位学生进行探究活动的全过程,以便教师全程跟踪,发现问题及时帮助学生解决。

第二节 历史教学过程的阶段

一、准备阶段

(一)钻研历史课程标准

历史课程标准是历史教学的纲领性、指导性的国家文件,是对历史教学的总体要求,是历史教师进行教学的依据,也是检验历史教学质量的标尺。因此,历史教师在接受历史课程的教学任务后,首先要全面系统地认真钻研历史课程标准,以使自己本学期的教学工作有明确的努力方向。

(二)深入钻研历史教材

教师钻研历史教材,掌握历史教学内容,一般经过"懂""透"和"化"三个阶段。

1. 懂

懂就是掌握历史教材的基本结构、基本思路和基本的历史概念。

2. 透

透就是对历史教材能够融会贯通并内化为自己的知识体系。

3. 化

化就是在教学活动中对教材的处理能够从心所欲,不逾矩,使历史教材的思想性、科学性和趣味性有机地融合在一起。

(三)了解任课班级学情

教师钻研历史课程标准,熟悉历史教材,只是解决了"教"的内容,还应了解和掌握所教班级学情,这样才能处理好教与学的问题,以使教学工作更符合学生实际。

(四)研究历史教学方法

教师要把教材转化为学生可以接受的内容,就必须研究教学方法。在教学准备工作中,历史教师应该根据教学规律、教学内容以及学情选择恰当的历史教学方法,有效地为历史课堂教学服务。

(五)制订教学进度计划

教学工作要能够有序地、按步骤地进行,历史教师须制订周密详细、切实可行的教学进度计划。

1. 制订学期历史教学工作计划

这是学期备课工作的主要环节。学期备课侧重于解决三个方面问题。
第一,学科内容教学进度计划和时间分配。
第二,本学期学习方法和能力培养、情感态度与价值观教育的侧重点。

第四章 有效实施：历史教学过程与策略研究

第三,学生的负担和学科间的协调。

2. 制订单元历史教学工作计划

第一,要把握好单元教学的主题。每个教学单元都有一个学习主题,为该单元的核心,统领该单元的各课教学。

第二,做好单元教学的设计。一个教学单元由多个课时组成,单元学习主题由多个课题的教学来完成。在明确了单元主题后,教师就要对各个课题在单元主题中的位置、作用以及内容构成等进行分析,拟定本单元教学的设计思路,制订课时分配计划。

第三,制订课时历史教学工作计划。课时计划指教师经过备课,以课时为单位设计的具体教学方案。课时计划既是教师分析和研究教学内容、组织和处理教学内容的结果,也是即将上课的教学蓝图。

二、实施阶段

(一)激发学生学习积极性的阶段

从心理学的角度看,任何人的认识活动都是从积极心理开始的,历史教学也不例外。有经验的历史教师在教学中,总是十分注意调动学生的学习积极性。概括来说,教师可以通过以下几种方法来激发学生学习的积极性。

1. 让学生明确学习历史的目的

在正式历史教学活动开始之前,历史教师可以安排一定课时或时间的导言课,交代本学期或本节课将要学习的主要内容和学习意义,使学生具体、实在地体会到,学习这部分历史对于他的成长有好处。这样,学生自然就会产生学习历史的积极性。

2. 历史教师教学要生动活泼

历史教师教学要想生动活泼,必须要做到以下两个方面。

第一,教师生动形象地对历史进行讲述,对历史进行深入的分析。

第二,鼓励学生自主收集、阅读历史材料,积极思考,回答问题,进行必要的讨论和练习等。

学生在历史课堂上最主要的是积极性,教师讲述时,学生要积极思维,学生活动时,也要围绕历史问题进行探索和讨论。只有这样,学生才能够做到掌握历史基本知识,提高分析、观察历史问题的能力,并从中受到情感态度与价值观方面的熏陶。只有这样,学生的学习积极性才能够得到正确的发挥。

(二)感知具体历史的阶段

在调动起学生学习历史的积极性以后,教学即进入了正式的认识历史的过程,也就是学生感知具体历史的阶段。这个阶段,主要是向学生呈现历史上的人物、事件、制度与现象等的具体史实。在呈现史实的时候,要具体,生动,再现历史形象。完成这一阶段学习的手段是多种多样的。课上有教师口头的讲述、描述,直观教具和多媒体的使用,学生自己阅读教科书和教师提供的资料;课下则有学生的自主探索,如收集资料、参观、访问等。

在这一阶段,学生不仅仅是要掌握历史基本知识,更重要的是要发展能力,受到情感态度与价值观的熏陶。感知历史的阶段可以发展学生对历史的观察力,养成学生具体、全面地看问题的方法和习惯,它还为学生运用历史唯物主义观点分析问题、提高与发展分析问题的能力提供了丰富的资料与素材。学生在感知丰富、具体的史实过程中,其思想感情也将受到潜移默化的感染和熏陶。

(三)理解历史的阶段

在这一阶段,教师应调动学生的抽象思维活动,依靠分析、综合、对比、比较等方法从历史史实中抽绎出本质的东西,形成历史概念,揭示历史发展的客观规律。只有经过这个阶段,学生才能获得完全、科学的历史知识,情感态度与价值观才能得以升华。

(四)运用历史知识的阶段

学生在学习期间对所学知识的运用表现为继续学习能力的培养,也就是运用已经掌握的历史知识思考问题,去掌握新的历史知识。历史知识的特点决定了它往往不是一朝一夕就会表现出其应用效力,而是更多地体现在学习者日积月累的观察与分析问题的能力与方法上。这种能力和方法会不知不觉地运用到学习和生活中去。

(五)巩固历史知识的阶段

巩固知识是指学生将所学知识牢固地保持在记忆中,在需要的时候,能正确、及时地提取,这由教学活动的特点所决定。学生学习的主要是间接经验,在学习中往往感受不深,而且还要连续不断地接受各种新的知

第四章 有效实施:历史教学过程与策略研究

识,如果不及时巩固,教学活动将难以续接。在历史教学中,历史知识的记忆和巩固十分重要。历史知识信息量大又丰富多样,而且有很多具体知识,又是出现在特定条件之下,重复性很小,这就造成学生在学习时不易持久地保持知识。因此,在学生的历史学习中,知识的巩固非常重要,要在教学过程的各个环节中加以渗透。其中,复习是必不可缺的。历史教师对教学内容应及时总结和经常复习,帮助学生记住并掌握学习内容,为历史学习的可持续发展奠定坚实基础。

(六)检查历史知识的阶段

对学生历史学习水平和状态的检查是历史教学实施阶段的最后一个环节。通过检查评定可以获得教学反馈信息,了解教学和学习情况,以便及时调节教与学的活动方向和节奏,并且可以借助于学习效果的检查来激发和强化学生的学习动机。在历史教学中,历史知识检查的手段和方法是多种多样的。正确运用检查可以帮助学生形成良好的历史学习心态,提高学生的学习积极性,有利于学生更好地学习,同时也有助于教师及时了解和掌握学生的学习状态。不过,也要注意克服检查的各种弊端对学生良好的学习心态的形成所带来的不利影响。这个阶段是完整的中学历史教学过程不可缺少的一个环节。

三、反思阶段

(一)教学前反思

教学前反思是在每一学期开学时进行的反思,这种反思能使历史教学成为一种自觉的实践。在这个环节中,历史教师首先要理解把握课程标准,分析教材和学生个体情况,然后根据上学期末的教学总结,确定在本学期教学中要继续发挥哪些好的经验,要改进哪些方面的问题。教学前教学反思是与学期教学准备紧密结合在一起的,前者是后者的一个基础性环节,不可缺少。只有在反思的立足点上进行学期教学准备工作,分析已有教学实践中存在的问题和不足,加以改进,才能在教学工作中得到进步。

(二)教学中反思

教学中反思是指历史教师及时、主动地对每一节历史课的具体教学行为过程进行反思。按照课堂教学的进程,教学中反思可以分为课堂教学前反思、课堂教学中反思和课堂教学后反思三个基本环节。

1. 课堂教学前反思

课堂教学前反思是指历史教师在进行教学之前,结合以往教学经验,对教学内容再次梳理,使教学成为一种自觉的实践过程。它对历史课堂教学实践具有前瞻性和导向功能。

2. 课堂教学中反思

课堂教学中反思是指教师在课堂教学活动现场中进行的反思,对某些教学现象、环节及时敏锐地剖析,确保教学高质量、高效率地进行。课堂教学中反思是为了及时解决教学过程中暴露出来的问题,以便更好地把握教学节奏和提高教学效益。

3. 课堂教学后反思

课堂教学后反思是指在课堂教学活动结束后进行的反思。课后反思可以是对教师教学实践的经验总结,也可以是对教学不足之处的理性分析,还可以是对今后教学提出改进的策略、教学的新思路及新构想。

(三)教学后反思

教学后反思是在每学期的教学活动结束后,历史教师对本学期整个历史教学活动进行总结。这种总结是一种非常理性的"扬弃",即对有利于学生全面发展的历史教学优点和长处要继续发扬,对束缚学生个性发展和创造能力培养的历史教学模式要剔除。在这个环节,历史教师要采取对自身的纵向和与其他教师的横向比较分析法,对本学期教学目的、教学内容、教学方法等进行系统回顾、梳理,并对其做深刻反思、探究和剖析。通过总结和扬弃,进行理论升华,提高反思的质量,从而实现教学反思和总结的长期化、系统化、理论化。

第三节 历史教学策略研究

一、历史概念教学

(一)历史概念教学的界定

历史概念是以历史理论为指导,是人们对历史事件、历史现象和历史

第四章 有效实施:历史教学过程与策略研究

人物最本质的认识,包括对发生各种历史问题原因的解释,对同一类历史问题本质特征的概括等。它是基本史实的拓展和深化,它反映着历史事物、历史现象的本质属性和内在规律。

(二)历史概念教学的分类

概念形成与概念同化是两种基本的概念获得方式。学生理解和掌握概念的过程实际上是掌握同类事物的共同的、关键属性的过程。

1. 概念形成

同类事物的关键属性可以由学生从大量的同类事物的不同事例中独立发现,这种概念获得的方式叫概念形成。随着年龄的增长,知识经验的不断丰富,学生所掌握的概念系统也从具体到抽象,从简单到复杂,相应地,学生获得概念的方式也在发生变化。事实说明,学生年龄越小,认知结构越简单而具体,概念形成的方式就用得越多。由于学生的历史知识比较贫乏,在学习新的历史知识、掌握历史规律时,作为基础的已有知识往往很少或者不具备,这时他们就只能采取概念形成的方式来学习。

2. 概念同化

用定义的方式向学生直接揭示,学生利用已有的有关知识来理解新概念,这种获得概念的方式叫概念同化。由于历史学习是掌握前人已经总结的历史规律,把前人的认识活动转变成自己的经验,使其成为自己认识问题的过程,概念同化是学生获得历史概念的最基本的方式。

(三)历史概念教学的原则

历史概念教学应遵循以下原则。

1. 通过整合教材突破概念

在教材的处理上,教师要打破教材的束缚,将原本复杂的内容和易混淆的概念明朗化,将概念性知识和事实性知识区分开来,使得事实性知识的学习最终为历史概念的形成打下基础。

2. 用史观统领概念

教师应在唯物史观、文明史观等史观的统领下科学地把握历史概念。

3. 用史料帮助理解概念

历史概念的教学离不开史料的佐证,史料教学对理解概念有直接的辅助作用。史料教学不仅能够契合学生的感知兴趣,而且有助于解读课标下的历史概念。

4. 创设情境感知概念

概念的形成是需要对具体的事实进行感知的,而且感知的史实越形象,越有利于概念的形成。所以,教师应该努力创设情境让学生感知概念。

(四)历史概念教学的作用

1. 有助于学生认清历史的本质

理解历史概念的过程,就是处理历史资料的过程,是运用各种思维方法和历史唯物主义基本观点观察问题、分析问题的过程。因此,历史概念教学是使学生掌握方法性知识、提高历史思维能力、实现历史课程目标的基本而重要的载体。历史概念教学有利于学生认清历史的本质。

2. 有助于提升学生的思维能力

历史概念教学的要义是围绕历史概念,以标志性的历史事件、历史人物等为载体,通过分析前因后果、相互关系,在把握历史发展线索和史实的过程中,领会历史概念的本质,掌握历史思维方法。所以说,历史概念教学有助于提升学生的思维能力。

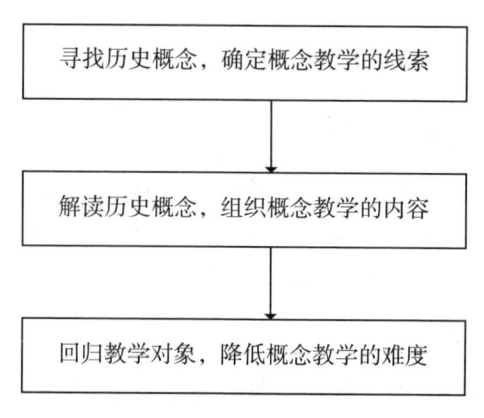

(五)历史概念教学的流程

历史概念教学的流程如图 4-9 所示。

```
寻找历史概念,确定概念教学的线索
        ↓
解读历史概念,组织概念教学的内容
        ↓
回归教学对象,降低概念教学的难度
```

图 4-9　历史概念教学的流程

二、知识整合教学

（一）知识整合教学的界定

历史知识整合教学是指以历史课程标准为出发点，使分化的历史知识系统的各要素及其各成分形成有机联系，使之成为一个整体协调、相互渗透的系统的历史教学策略。

（二）知识整合教学的原则

1. 主体探究的原则

主体探究的原则要求教师的教和学生的学必须同步设计和同时推进，把指导学生做好课前知识预习与问题探究作为启动课堂教学的第一环节。

2. 综合渗透的原则

综合渗透的原则是以某一核心知识为基础，在一定的主题下把其他相关内容综合起来，或者以整个历史学科的知识为核心内容，将相关学科内容综合起来，培养学生的发散性思维和创造性思维，帮助学生构建起终身学习和终身发展所必备的可持续发展的思想与能力。

3. 创新发展的原则

创新发展的原则是通过知识整合以及由此带来的知识迁移，让学生在学习中得到发展。

（三）知识整合教学的作用

知识整合教学具有重要作用，概括来说主要包括以下两方面。

1. 促进历史教师专业能力的发展

历史知识整合需要有较强的理论、渊博的知识和逻辑思维能力，教师不能简单照读教科书，不能拘泥于教科书的观点和材料，所以，进行历史知识整合教学的过程也是历史教师专业能力发展的过程。

2. 促进学生学习能力的提高

历史知识整合有利于激发学生的学史兴趣，有利于学生参与教学活动,有利于学生综合素质的提高,培养学生的综合、归纳、比较等历史学习的能力。

(四)知识整合教学的策略

1. 进行整合背景和学情分析

整合背景和学情分析是进行知识整合教学的基础,只有对这两方面内容进行分析,才能理解整合的意义和提出整合的目标。

2. 体现历史课程标准的要求

运用知识整合教学的策略很大程度上是为了体现课程标准倡导的"育人为本""促进学生的全面发展"等课程基本理念。因此,整合的内容应该符合课程标准中的相关培养目标。

3. 注意整合的方法

以知识整合为中心的教学设计,要求教师有整体观念。在思路上既可以是在细节中整合,也可以在框架上补充,甚至打乱教科书中的已有结构,加入教学设计者本人的新思路进行整合,在课堂教学中融汇学生学习过的知识。

(五)知识整合教学的流程

知识整合教学的流程如图 4-10 所示。

三、历史史料教学

(一)历史史料教学的界定

历史史料教学是指在历史教学过程中,教师指导学生对相关的史料进行处理,使学生自主地从材料中获取历史信息,并利用这种信息完成对历史探究的一种教学策略。

(二)历史史料教学的作用

1. 有助于激发学生学习历史的兴趣

学生通过对形式多样、内容丰富的史料进行观察、讨论,能感知历史人物的内心世界,了解历史事件的来龙去脉,全面认识和评价历史现象,

第四章　有效实施：历史教学过程与策略研究

深刻理解和抓住历史脉络。

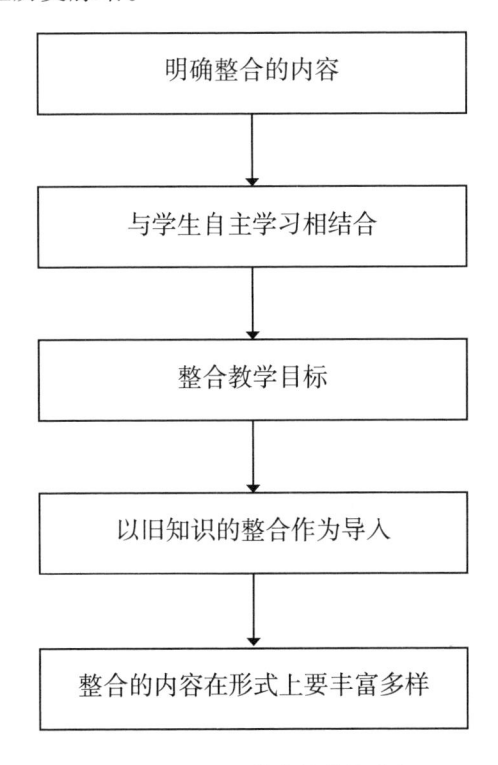

```
明确整合的内容
    ↓
与学生自主学习相结合
    ↓
整合教学目标
    ↓
以旧知识的整合作为导入
    ↓
整合的内容在形式上要丰富多样
```

图 4-10　知识整合教学的流程

2. 有助于学生更好地理解和认识历史

史料教学彰显了历史学科的特点，有助于培养学生论从史出的历史学科能力。

3. 有助于拓宽历史教学的视野

通过史料教学，可以让教材上枯燥的历史结论变得鲜活起来，同一历史现象中的不同史料可以拓宽学生认识历史的角度与视野。

4. 有助于增强学生历史学科的学习能力

史料教学能培养学生的阅读能力、概括归纳能力、质疑能力等。

(三)历史史料教学的原则

1. 博闻善择

在史料教学中，最理想的材料是科学性、有趣性、有用性融为一体的材料。因此,历史教师要从"课程资源"的高度出发,广泛地阅读,有意识地收集这类史料,分门别类,归纳整理,择善而用。

2. 采用二重证据法

教师在开展史料教学时,要教会学生运用已有的知识和研究方法分析资料,在辨析史料或任何证据时,必须采用不同角度的史料来分析历史。

3. 选取最能揭示问题本质的史料

材料应能全面反映所考察的历史现象,杜绝非典型性材料在试题中出现,否则学生依据非本质或有缺陷的史料进行分析,难以确保"论从史出"的科学性。

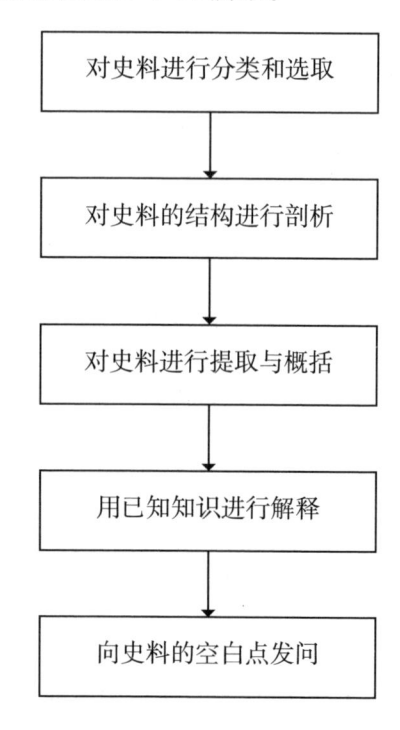

（四）历史史料教学的流程

历史史料教学的流程如图 4-11 所示。

```
对史料进行分类和选取
        ↓
对史料的结构进行剖析
        ↓
对史料进行提取与概括
        ↓
用已知知识进行解释
        ↓
向史料的空白点发问
```

图 4-11　历史史料教学的流程

第四章　有效实施：历史教学过程与策略研究

四、历史情境教学

（一）历史情境教学的界定

历史情境教学就是根据情境教学理论，结合历史学科的特点和学生学习历史的认知规律，在历史教学过程中，综合运用多种教学方法和手段积极创设特定的历史情境，拉近学生与历史的距离，激发学生的学习兴趣和情感，建立愉悦的表象，优化认知过程，使学生掌握历史知识，陶冶情操，建构正确的观点和能力的教学过程。

（二）历史情境教学的分类

1. 整体情境和局部情境

（1）整体情境
整体情境是指学生整节课就在一个大的教学情境中进行体验、探究，开展学习。

（2）局部情境
局部情境是指教师围绕教学重点和难点，创设一定的情境，以帮助学生理解。

2. 历史情境和生活情境

（1）历史情境
历史情境是指情境中的素材取材于历史，教师和学生都知道他们正处在历史学习中。

（2）生活情境
生活情境是指教师巧妙地在现实生活中创设情境，以帮助学生更好地理解历史。生活情境的最大特点是学生事先不知情，所以学生获得的是真实的心灵体验，这种体验最能感动人，也最持久。

3. 真实情境和虚拟情境

（1）真实情境
真实情境是指历史上确有其人、其事，教师通过语言、文字、图片、音像、表演等形式将其再现出来的情境。

（2）虚拟情境
虚拟情境是指历史上没有其人或其事，但是这个人所经历的事情在历史上有可能发生,或者他所信奉的思想在历史上是真实的。教师之所以进行虚构,是为了方便教学。

4. 体验情境、问题情境和应用情境

(1) 体验情境

体验情境是指创设情境的目的在于再现历史,使学生产生强烈的情感体验。

(2) 问题情境

问题情境是指创设情境的目的在于提出一个探究性的问题,以引起学生的内心冲突,唤醒学生的思维冲动,激发学生的自觉探究。

(3) 应用情境

应用情境是指创设情境的目的在于检测所学知识学生是否能够灵活运用。当学生能够在特定的情境中解决问题的时候,这就表明学生对所学知识有比较深入的理解。

(三)历史情境教学的原则

历史情境教学应遵循以下原则。

1. 目的明确

任何情境的创设,都应该服务于教学,尤其应该服务于学生的学习。这是一个基本的原则。

2. 趣味盎然

教学情境的创设,应该具备一定的趣味性,能激发学生的思维冲动和探究意识。

3. 内容真实

真实是历史学科的安身立命所在,真实情境和虚拟情境都应该具备真实性。

4. 激活思维

一般来说,思维活动应该有所凭借,在具体、生动和形象的情境中才能充分地展开。教学情境应该能制造出一个"思维场",在这个场中,学生的思维被激活,从而得到充分的发展。

(四)历史情境教学的作用

历史情境教学的作用主要包括以下几方面。

1. 建构认识

在学习的过程中,学生总是基于已有的知识、经验与情感,在某个特定的情境中来同化或顺应所学知识,以达到意义建构。

2. 再现历史

历史情境创设有助于将抽象的历史具体化。创设一个内涵丰富的典型教学情境,高度浓缩历史事物某些方面的突出特征,有助于学生的理解和学习。

3. 发展能力

情境创设重在激发学生的学习情绪和学习兴趣,使学习活动成为学生主动的、自觉的学习活动。学生在主动、自觉的学习活动中体验情感,积极参与,深入思考,从而发展智力。

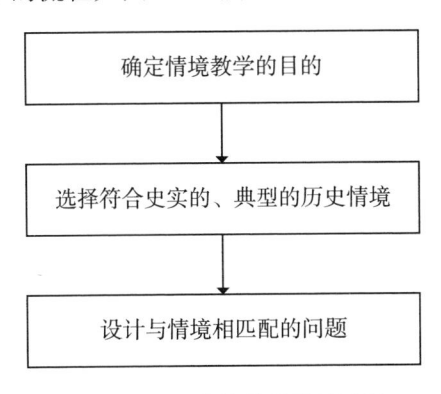

(五)历史情境教学的流程

历史情境教学的流程如图 4-12 所示。

```
┌─────────────────────────┐
│   确定情境教学的目的    │
└───────────┬─────────────┘
            ↓
┌─────────────────────────┐
│ 选择符合史实的、典型的历史情境 │
└───────────┬─────────────┘
            ↓
┌─────────────────────────┐
│   设计与情境相匹配的问题   │
└─────────────────────────┘
```

图 4-12 历史情境教学的流程

第五章 合理设计：历史教学设计研究

教学设计是一座桥梁，这头牵着教育理论，那头连着教育实践；它既考验教师的理论功底，又锤炼教师的实践智慧。因此，教学设计越来越受到广大教育工作者的重视。历史教学设计是一个为历史教学活动规划蓝图的过程。本章即对历史教学设计的相关内容进行简要阐述。

第一节 历史教学设计的内涵

一、教学设计的概念

教学设计是根据教学对象和教学目标，确定合适的教学起点与终点，将教学诸要素有序、优化地安排，形成教学方案的过程。它是一门运用系统方法科学解决教学问题的学问，它以教学效果最优化为目的，以解决教学问题为宗旨。

二、教学设计的特点

（一）教学设计是一个系统过程

教学是一个系统，在这个系统中，有学习者、学习任务、教师、教学媒体、教学资源、教学策略等诸多要素，其中任何一个要素都有可能影响到系统功能的实现。教学设计的功能就是用系统论的思维和方法，对影响教学的诸多因素进行统筹安排。教学设计者往往通过设计流程图等来表达自己的思路等。

（二）教学设计要以学习和学习者为中心

教学设计要以学习和学习者为中心，在教学设计中，设计者要对学习者的特征进行分析,要考虑学习者的个体差异,以此作为起点,确定教学目标,选择教学策略等。

(三)教学设计要秉持目标、教学和评价的一致性

第一,教学有效性的重要前提就是目标要明确、具体,具有可操作性。

第二,教学要围绕目标来层层铺开,每个教学环节都是从某个角度、某个部分或某个层次来烘托目标。

第三,目标是否达成,要通过评价来检测。

只有实现了目标、教学和评价的一致性,才能说目标有导向,教学有效果,评价有指向。

三、教学设计的作用

(一)有利于教学理论与教学实践的结合

教学设计具有沟通教学理论与教学实践的作用,这主要体现在以下两方面。

第一,通过教学设计,可以把已有的教学理论和研究成果运用于实际教学,指导教学工作的进行。

第二,可以将教师的教学经验升华为教学科学,充实和完善教学理论。

(二)有利于教学过程最优化

精心设计教学可以减少课堂教学的随意性,有助于优化教学,取得较好的教学效果。

(三)有利于提高教师发现问题和解决问题的能力

教学设计是系统解决教学问题的过程,即发现问题、选择和建立解决问题的方案、试行方案及评价与修改方案。在这个解决教学问题的过程中,教师发现和解决教学问题的能力也会逐渐提高。

四、教学设计的分类

(一)根据教学设计的出发点进行分类

根据教学设计的出发点,可以将教学设计分为以教为中心的教学设计和以学为中心的教学设计。

1. 以教为中心的教学设计

（1）以教为中心的教学设计的优点

以教为中心的教学设计有利于教师主导作用的发挥，有利于按教学目标的要求来组织教学。

（2）以教为中心的教学设计的缺点

以教为中心的教学设计，其基本内容是研究如何帮助教师把课备好、教好，而很少考虑学生"如何学"的问题。按这种理论设计的教学系统中学生的主动性、积极性往往受到一定的限制，难以充分体现学生的认知主体作用。

2. 以学为中心的教学设计

以学为中心的教学设计一般以建构主义为基础，不仅要求学生由外部刺激的被动接受者和知识的灌输对象转变为信息加工的主体、知识意义的主动建构者，而且要求教师要由知识的传授者、灌输者转变为学生主动建构意义的帮助者、促进者。目前，以学为中心的教学设计占主导地位。

（二）根据教学设计的理论基础进行分类

根据教学设计的理论基础，可以将教学设计分为行为取向的教学设计、认知取向的教学设计和人格取向的教学设计。

1. 行为取向的教学设计

行为取向的教学设计是在行为主义心理学基础上发展起来的，从行为角度观照人的心理，基于行为控制而设计教学，其根本宗旨在于完善人的行为。

2. 认知取向的教学设计

认知取向的教学设计建立在认知心理学的基础之上，基于学生认知发展进行教学设计，其要旨在于发展学生的认知能力和水平。

3. 人格取向的教学设计

人格取向的教学设计是以人本主义心理学为理论基础，关心人的潜能与价值，探究解决人类问题与困境的出路。

五、推动教学设计发展的理论

在世界范围内，对当代教学设计具有重大影响的理论很多，主要有以

第五章 合理设计：历史教学设计研究

下两大类：一是系统理论，它引导教学设计从课时设计发展到系统设计，并对教学预设外的众多因素加以关注；二是教学理论，其中影响最大的是布鲁纳的认知结构论、德国的范例教学论和赞科夫的发展性教学论，它们被称为最有世界影响的三大教学论流派。

（一）系统理论

如何将学习者心理过程的研究与具体教学问题的研究联结起来，这是当代教学设计必须解决的一个基本问题。20世纪60年代中期，信息论、控制论和系统论的发展为实现这一理想提供了途径和方法。20世纪70年代后，出现了耗散结构、协同学和超循环系统理论，三者合称为自组织理论。此外，混沌说、分形理论等，也从不同角度对各种系统的结构和功能进行了阐述。为与此前的"一般系统论"相区别，人们将这些理论合称为"广义系统论"。一般系统论指导下的教学设计往往强调稳定的状态和结构，运用线性思维的方法，却对于教学过程的生成性因素大都不予重视，对一般视为教学干扰性因素予以限制。在广义系统论的启发下，人们开始意识到，人类教学情境在许多时候并非完全清晰得可以预测，由此教学设计过程具有一定的"混沌性"，学习过程会有许多不可预见的因素，而其中有相当一部分是具有价值的。从而，国内外都有学者开始尝试着将混沌学的非线性开放系统、非决定论的不可预测性、正反馈循环等概念引入当代教学设计之中。系统理论不仅使历史教学出现了系统的设计思路，包括模块设计、单元设计和课时设计等，也使历史教学设计摆脱了单纯的封闭线性设计思路，出现了跳跃性的、主题性的、开放性的、生成性的教学设计。

（二）教学理论

1. 布鲁纳的认知结构论

布鲁纳认为，知识总是有结构的，课程的设计应按照尊重学科知识的基本结构进行。学科课程改革的趋势，就是使学科内容结构化。所谓结构化，就是将丰富的学科知识精简为一组简单的命题，表现为学科的基本概念、原理和原则。这是针对学生应当完整、系统掌握学科知识的论点提出的改进意见。布鲁纳还主张，学生认知能力的发展应当是教学活动的核心任务，课程的设计和方法的选择都要为此服务。由此，进一步明确了一个观点，即教学过程就是学生智力发展的过程。布鲁纳认为，教学的方法应该是鼓励学生去"发现"。学生应当通过发现法去探求知识的奥秘，掌握学科的基本结构,回答自己的疑问,解决自己提出的问题。

由于布鲁纳有些理论观点只是理论上的假设,所以具有明显的片面性。他强调了学科的结构化,导致偏重理论学习而削弱了实用知识和基本技能的学习。他强调了学生自身的探索,夸大了学习者的主观能动性,却忽视了认知活动的其他特点。因此,导致20世纪60年代他所倡导的美国教学改革的失败。但是,他所提出的教育观点,不仅在当时,而且至今仍对人们深化教学研究有重大的启示作用。

2. 德国的范例教学论

德国学者所倡导的范例教学,目的是要克服教材内容的烦琐,要求从日常生活中选取蕴含着本质因素、根本因素、基础因素的典型事例和范例,使学生透过这些范例,掌握科学知识和科学方法。以历史教学为例,范例教学就是通过一些历史关键问题和典型的历史现象,使学生做出一般性的理解,并借助这种一般性理解独立开展深入的历史学习。德国范例教学论者从批判传统的系统教育论出发,提出了立足于问题解决学习与系统学习、形式教育与实质教育、教学主体与客体"三个统一"的观点。他们所提出的"五个分析",是对教学设计的具体要求,包括以下几方面。

第一,要分析范例阐明的普遍性意义和实际关联性,对其探讨有助于掌握基本现象、原理、规律、标准、问题、方法、技能和态度。

第二,要分析学生从范例中获得的经验、认识、技能和技巧对智力活动有什么作用,从教育学的观点看它应起什么作用。

第三,要分析课题对学生未来发展的意义。

第四,要分析范例的结构是什么,即从教育学的角度就前面的三个分析得出相应认识。

第五,要分析范例具有什么特点、现象、状况、人物、事件和形式等,有助于学生产生兴趣、产生问题和融会理解。

"四个阶段"即是范例教学的基本程序。

第一,用典型阐明事物的本质规律。

第二,通过归类,推断认识同类事物的普遍特征。

第三,掌握事物发展的客观规律。

第四,在认识客观世界的基础上使学生情感发生变化,提高行为的自觉性。

范例方式的教学,不仅要为学科在每阶段的系统知识提供预备性的、要素性的知识,而且要掌握此种认识的方法和方法论,以及在这种方法中所表现出来的意义。

3. 赞科夫的发展性教学论

赞科夫主张教学应从知识转向智能，培养学生的创造性，以最好的教学效果来促进学生的一般发展。赞科夫认为，"一般发展"是与"特殊发展"相对应的。前者指促进学生智力、道德、情感、性格等整个身心全面和谐地发展，是教学的出发点和归宿；后者指各专门学科，如数理、音乐等特殊才能的发展。他主张在讲授基础知识的同时，应进行基本智力技能训练和个性优良品质的培养，书本知识应与实际操作能力的培养相结合。他强调的是教学与发展互相促进的模式，提出了包括高难度、高速度、理论知识起主导作用、使学生理解学习过程、使全体学生都得到发展等在内的"教学五原则"。赞科夫的教学理论在当时苏联国内褒贬不一，争论相当激烈。但不可否认的是，他的思想对教育理论研究及教育改革的影响是相当大的。

发展性教学要求为学生提供超前的刺激情境，使教学有适当的难度和速度，把量力性原则和超前性原则结合起来。从赞科夫的教学理论和实验中，我国的教育工作者逐步认识到以往教育的一些弊端，于是纷纷开展改革实验。我国当前开展的教育改革实验都有一个显著的特征，那就是力求充分挖掘和发挥各科教学的综合训练价值，对学生身心系统产生尽可能多方面的影响，既重视传授知识，又重视发展智能及独特的个性，从发展智能和个性出发来传授知识，在传授知识的过程中去发展智能，培养素质。

六、历史教学设计应遵循的原则

（一）以学生为主的原则

新课程是从尊重生命、珍爱生命、体验生命历程的角度来设置的，新课程改革中所有的变化都与"人"有关，比如，历史课程的设置体现了多样性，多视角、多层次、多类型、多形式地为学生学习历史提供更多的选择空间，以助于学生个性健康发展。人的个性的多样性在课程设置的高度得到重视，说明新的课程观重视的是人，人的个性、自信、勇敢、尊严比任何知识来得更真实、重要，这是教育的返璞归真。因此，教学设计要善于不断地创造具有激发性的教学情境，诱导学生主体性发挥，创设宽松的、和谐的教学环境与课堂气氛，让学生的个性得以充分展现。要遵循这一原则，必须注意以下几个问题。

第一,教学设计要关注学生的兴趣与经验。

第二,在教学设计中要充分体现学生的主体性,要体现学生的首创精神。

第三,要让学生有多种机会在不同情况下应用他们所学的知识,要让学生能够根据自身行动的反馈信息来完成对客观事实的认识和解决实际问题的方案。

(二)整体设计的原则

教学设计是一项系统工程,它是由教学目标和教学对象的分析、教学内容和方法的选择以及教学评价等子系统所组成的,各子系统既相对独立,又相互依存,相互制约,组成一个有机的整体。历史教学设计要遵循整体设计的原则,要遵循这一原则,必须注意以下几个问题。

第一,教学目标对教学内容、媒体、策略起着控制作用。教学目标是教学活动的方向。

第二,教学内容的确立,教学媒体的选用,教学策略的制订,是要为达到教学目标而服务的。脱离这些教学要素,教学目标就无以达成,而离开教学目标去追求教学内容的精、教学媒体的新、教学方法的活,不仅无益于提高教学质量,而且浪费时间。

第三,教学过程是选用媒体、采用策略、完成教学任务、实现教学目标的进程。只有教学目标的导向正确,教学内容精要,所选媒体有利于信息传递,教学策略合乎学生的认知规律,才能使教学过程得以有效推进。

(三)过程开放的原则

基于人本主义学习理论的学习过程是自由开放的,是依靠学生根据自己的个性来选择学习路径的。在当今信息化时代,先进的教育观念和先进的科技成果相结合的学习资源日益增多;改善学习人文环境,给学生以充分的学习自由的口号日益增多,等等。这些现象的产生促使历史教师在进行教学设计时,必须考虑到要给学生充分自由的发展空间,必须开放所有的学习过程,使学生能顺应当代生活的变化,最终得以自我实现。要遵循过程开放的原则,必须注意以下几个问题。

第一,采用多种形式组织学习过程,让学生有多元表达的途径,促使学生投入到对历史知识奥秘的探究中。

第二,教师要使学生发现历史学习的内容,能够透过岁月看清现实,可以保持和发展自我,进而激发他们的学习热情和动机。

第三,对学生学习结果的评价也要采取开放的态度,开放性试题评价

第五章　合理设计：历史教学设计研究

在各地测评中越来越受到重视。

(四)意义建构的原则

建构主义认为,学习总是与一定的社会文化背景,即与"情境"相联系的,在实际情境下进行学习,可以使学习者能够利用自己原有认知结构中的有关经验去"同化"或"顺应"当前学习到的新知识,从而达到对新知识的意义建构。按照建构主义的指引,创设真实的问题情境成为教学设计的首要任务,它是一种支持学生进行意义学习的各种真实问题的组合。要遵循意义建构的原则,必须注意以下几个问题。

第一,教师要能发现一些对学生来说是真实的、同时又与教学活动相关的问题。

第二,教师要切实激发学生的学习动机,引导学生挑战各种复杂的问题情境。

第三,让学生进行角色扮演,模拟在真实问题情境下各种角色的行为,以便将来在真正的问题情境中得心应手。

七、历史教学设计的基本特征

教学设计是一门将教育理论与教学实践联结起来,并不断进行反思发展的应用学科。历史教学设计是这一学科的分支,主要有五个特征。

第一,教学设计是一个对教学系统进行分析、设计、开发、试用、反思等活动不断循环的过程。

第二,系统方法是教学设计的核心方法,它与经验方法的根本区别就在于解决教学问题的途径具有选择性。

第三,教学设计是一种基于学习的预设方案,如果学生变化了,它也需要做出相应的调整或改进。

第四,教学设计是对特定教育理论应用的过程,因此设计前必须明确设计依据何种理论或理念。

第五,由于理论不可能预见所有的教学问题,遇到某些反常问题需要对理论做出超常应用,包括对理论进行改造、扩展或重建,这也是教学设计的创造性所在。

由此,我们看到传统教案与教学设计的一个重大区别,即历史教案可以重复用在不同的教学班级,而历史教学设计只是提供给我们一个教学参照模式,不能随意照搬照用。如在某个教学班有效的历史教学设计,到了其他地方则可能是低效或无效的。只借助于某一种学习、教学理论开发出有效适用于任何教学情境的想法,是不切实际的。

八、历史教学设计的撰写

(一)撰写的主要内容

在撰写历史教学设计时,一般包括以下内容。
第一,教学设计说明。包括本教学设计的意图和整体思路。
第二,教学分析。包括教学内容分析和学情分析。
第三,教学目标。包括知识与能力,过程与方法,情感、态度、价值观。
第四,教学策略。包括教学方法的选择、教学手段与媒体等。
第五,教学过程。
第六,教学反思。

(二)撰写的形式

历史教学设计的撰写,可以是文本形式的,也可以是表格形式的,二者各有利弊。一般来说,文本形式可以比较充分地表达思想和具体内容,信息量大,但在直观地反映教学结构诸要素之间的关系方面较为逊色,而表格形式比较简洁直观,但其容量受到限制。

(三)撰写的注意事项

在撰写历史教学设计时,应注意以下问题。
第一,教学设计的撰写不是一成不变的,可以根据具体的内容要求灵活呈现,应该不拘一格。教学过程的设计可详可略,但对有些学习内容,如引用的资料、教学资源等方面则要详细。教学目标的叙写,应独立思考,目标应简洁明了,可操作性强。
第二,除了简单地说明教学重点、难点等内容外,更重要的是考虑如何突出和强化重点,化解难点。
第三,说明在教学过程中使用哪些教学媒体,特别是媒体的使用方法及预期的结果等。
第四,作为教学设计来说,最后的教学反思也是一个必不可少的内容和环节。

第五章　合理设计：历史教学设计研究

第二节　历史教学设计的要素与流程

一、历史教学设计的要素

不论哪一种教学设计模式,都包含教学对象、教学目标、教学策略、教学评价四个基本要素。

（一）教学对象

学习者是历史教学系统的服务对象。在教学过程中,学生处于学习的主体地位,教学目标的完成情况通过学生的学习效果及其行为和情感变化反映出来,学习最终是由学生自己完成的。为了做好教学工作,历史教师必须认真分析、了解学习者的情况,掌握他们的一般特征和初始能力,这是做好教学设计的基础。要特别重视对学生的分析,在分析学习者一般学习规律的基础上,了解学生需求、初始能力、接受能力、个别差异等,对学习的外部环境与刺激及内部学习过程发生和进行的智力与非智力因素加以统筹分析,以便更有针对性地对学生进行因材施教,促进学生更好地学习。

（二）教学目标

设计的目的是为了优化预期实现的目标,通过教学活动,学习者应该掌握哪些知识和技能,培养何种态度和情感,用可观察、可测定的行为术语精确表达出来。同时,也要尽可能地表明学习者内部心理的变化。在教学设计理论与方法中,师生的活动、教学资源和媒体的设计与选择、教学策略的确定及其应用,均要围绕实现教学目标来进行,又都要受到教学目标的制约。

（三）教学策略

教学策略是指在具体条件下,为实现预期目标所采用的途径和方法,为了完成特定的教学目标,所采用的教学模式、程序、方法、组织形式和对教学媒体的选择与使用的总体考虑。教学策略包括教学组织策略、教学内容传递策略和教学资源管理策略三类。教学组织形式、教学结构程序策划、教学媒体材料设计与开发等,均属于教学策略的范畴。在教学设计视野中,教学策略是教学过程的综合解决方案,是保证教学目标实现的有效途径和方法,必须作为教学设计的重点。

(四)教学评价

教学评价就是根据教学目的和教学原则,利用所有可行的评价方法及技术对教学过程及预期的一切效果给予价值上的判断,以提供信息改进教学和对被评价对象做出某种资格证明。它通过确立评价指标体系,利用科学方法对收集到的教学反馈信息进行分析与处理,从而获得对教学设计方案和实施过程进行修改所需的信息,以使教学更加趋于完善。

需要注意的是,将一个完整的教学设计过程分解为诸多要素是为了便于深入地分析、理解和掌握教学设计本身。在实际工作中,应从教学系统的整体功能出发,保证教学设计四大基本要素的一致性,使其相辅相成。同时也需注意到教学系统是开放的,教学过程是动态的,涉及的许多因素是变化的,教学设计工作应在科学的基础上灵活、创造性地进行。

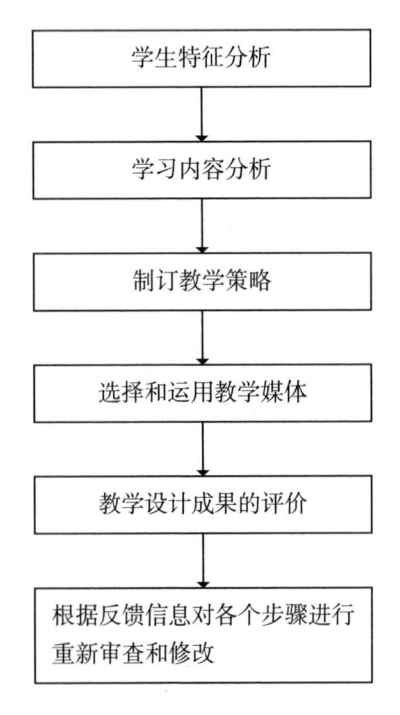

二、历史教学设计的流程

历史教学设计的流程如图 5-1 所示。

```
┌─────────────────────────┐
│      学生特征分析        │
└───────────┬─────────────┘
            ↓
┌─────────────────────────┐
│      学习内容分析        │
└───────────┬─────────────┘
            ↓
┌─────────────────────────┐
│      制订教学策略        │
└───────────┬─────────────┘
            ↓
┌─────────────────────────┐
│    选择和运用教学媒体    │
└───────────┬─────────────┘
            ↓
┌─────────────────────────┐
│    教学设计成果的评价    │
└───────────┬─────────────┘
            ↓
┌─────────────────────────┐
│  根据反馈信息对各个步骤进行  │
│       重新审查和修改       │
└─────────────────────────┘
```

图 5-1 历史教学设计的流程

第三节 具体类型的历史教学设计

一、以方法训练为中心的教学设计

"过程与方法"目标的提出,使课堂的设计者看到了这样一种可能,即全课围绕着某一个特定的思想方法来进行设计。如果教学设计以使学生形成某种审视、解决历史问题的思想方法为最终的目标,我们就可以说这是一份以方法训练为中心的设计。有些教师认为方法目标比情感层面的目标更适合作为中心目标。使学生掌握一种思想方法似乎更加合乎"授人以鱼,不如授人以渔"的教育理念。进行以方法目标的实现为中心的设计时,需要考虑以下因素。

第一,教师是否能够驾驭自己将要传授的思想方法。

第二,教师是否准备好了足够充分的史料或教学内容来体现预期的思想方法。

第三,作为授课对象的学生是否乐于接受一种智力的挑战。

第四,学生是否已经具有了相当的知识储备。

第五,本节课是否可以找到适当的课堂评价的手段。

那么如何进行以方法训练为中心的教学设计?在类似的设计中,首先需要考虑的是教师能够驾驭的思想方法是什么。这个说法看起来不完全符合一般的教育理念,但这是目前任何试图在这方面进行尝试的教学设计者必须首先面对的现实。另外,在设计时必须考虑学生在知识上的储备,应当尽量减少倒叙技巧的运用,由于前述的原因,倒叙会额外增加学生思维时的障碍。要充分考虑运用的思想方法所包含的步骤,尽量让每个步骤都显得突出、明晰,这会有助于学生掌握教师示范的方法。

总的来说,这一类型的设计并不像情感型设计已经在长时间的实践中形成了相对固定的模式,仍然有很多可探索的空间。

二、以情感目标的实现为中心的教学设计

情感、态度与价值观目标是以激起学生心底的震撼、感动以及促成学生人生观、世界观、价值观的形成或改变为指向的。如果一节课的全部内容,无论是知识的铺垫还是对知识的认知方法的指引运用,都以对学生的

情感触动为最终指向,我们就可以说这节课是以情感目标的实现为全课的中心。

有些教师认为,从教育理想上来说,情感目标是课堂教学的最高目标。以此为中心的设计,可以在最大限度上激发学生在情绪上的投入,可以对学生产生持久而有益的影响,这种影响是教师职业成就感的重要来源。

进行以情感目标的实现为中心的设计时,需要考虑以下因素。

第一,教师是否能够准备足够的能激起学生情绪反应的材料。

第二,教师的口头、表情与肢体语言是否具有感染力与煽动力。

第三,作为授课对象的学生是更乐于接受情绪的感染还是智力的挑战。

第四,本节课试图指向的情感、态度与价值观是否能与学生原有情绪顺利衔接。

第五,学生在未来是否有可能遇到反向的情感、态度与价值观的冲击。

第六,本节课是否可以找到适当地进行即时课堂评价的手段。

第七,本节课的教学是否没有太大的知识、方法层面的教学任务压力。

第八,在本节课中为了情感目标的实现而必须做出的知识与方法上的牺牲是否在可容忍的范围内。

在进行以情感为中心的教学设计中,重要的不是如何促进学生知识结构的生成,而是课堂气氛的营造。设计的前半段必须做好充分的铺垫并形成节奏感。课堂的后半部分教学环节的分割需要根据具体的教学内容而定。特别需要注意的是,贯穿始终的是对于学生情绪走向的控制,如果学生的情绪从一开始就朝向了教师预设的方向,而且中途不发生偏差,那么经过最后的高潮之后,学生将会对这节课所带来的情感经历留下难以磨灭的印象。

三、以知识整合为主要策略的教学设计

知识整合是指将不同来源、不同载体、不同内容、不同形态的知识,通过新的排列组合、交叉和创造,实现知识应用和产生新知识的过程。由此可推出,以知识整合为主要策略的历史教学设计是指以课程标准作为出发点,使分化了的历史知识系统的各要素及其各成分形成有机联系,使之成为一个整体协调、相互渗透的系统的历史教学设计。

第五章 合理设计：历史教学设计研究

历史知识整合教学过程中，课程各要素形成了有机的联系和有机的结构。在将课程看成一个整体的前提下，将不同的知识整合在一起，使学生在学习过程中自然有机地掌握不同的知识，从而提高综合素质。知识的整合也有利于梳理、发现更深层次问题的规律性、趋势性和线索性因素。

进行以知识整合为主要策略的历史教学设计时，需要考虑以下因素。

第一，教科书中是否欠缺课程标准已经规定了的内容。

第二，本节课学生的知识背景是否适于知识整合。

第三，教师所准备的资料是否足以帮助学生完成相关内容的整合。

第四，在未加知识整合的情况下，学生是否对相关知识的理解感到困难。

如果以上因素大部分的答案都是肯定的，那么本课就适合进行以知识整合为主要策略的教学设计。

在进行以知识整合为主要策略的教学设计时需要做到以下几方面。

第一，整合的内容务必要符合课程标准中的相关培养目标。

第二，先要做好学情分析，了解学生是否具备了整合的基础，知识整合意味着思维的跨度，用于整合的知识里常常会既有分属不同记忆领域的旧有知识，又有新增知识，在这些知识之间，通过巧妙的、有梯度的问题设置铺路架桥就成为关键。

第三，知识整合的过程中，学生会需要回忆相当数量的旧有知识，通常的做法是设置一些必须同时调用多领域知识才能够进行回答的问题，这样既有利于加深思维，也有利于避免疲劳。

第四，在知识整合的过程中要尽量教会学生如何进行知识建构、如何进行知识整合的方法。

四、以建构主义为指导的教学设计

历史教学中的建构主义可以理解为主张学习者把新知识与已有的知识经验相结合，在已有的知识经验基础上形成新的知识结构，创新或建构学习者自己的知识。

建构主义主张以核心问题为中心自上而下地建构知识体系。为此在以建构主义为指导进行教学设计时，要注意以下几个方面。

第一，学情分析。建构主义学习观认为，学习是学习者在已有的知识经验的基础上建构新知，因而在进行教学设计之前要对学生可能已有的学习经验进行分析,了解学生已有的知识和能力基础,学习该课可能会遇到哪些困难,这是进行有效教学设计的重要前提。

第二,中心提炼。每一课的中心可以因为教师或学生的实际情况而有所不同,但是在建构主义指导下的教学设计,通常要求教学的中心同时也是课堂的终点,这是和其他设计方式不同的地方。

第三,结构设计。建构主义教学设计中,结构是课堂的支柱,结构的生成也就是课堂的生成,因而结构的形态也就常常体现了课堂教学在时间上的分配与教学流程的推进。教学设计者在进行结构设计的时候首先根据学情设计结构起点,并根据自身的教学目标设计课堂的终点或中心,然后考虑从结构的起点到终点之间所需要添加的其他旧有知识或者新知识,并且赋予这些知识以一定的逻辑定位。

第四,资源整合。如何建构适合于学生学习的知识体系是运用建构主义指导教学设计的关键。教材的编写往往关注知识体系的系统性和完整性,教师教学主要关注学生学习的有效性,因而教材体例与教师教学关注的焦点并不一定一致,这就需要教师根据学情和授课内容对相关资源进行适当整合,以利于学生新知的构建。

五、以多元智能理论为指导的教学设计

加德纳一再强调,多元智能理论反映的是自己对人类、文化和个体差异的理解,智能是解决问题或制造产品的能力,这些能力对于特定的文化或社会背景是很有价值的,一定领域内文化知识的产生,必然适应一定时期的人类大脑和心理,适应那个时期人类大脑和心理在不同文化背景中的发育和进化方式。认同这一理论并重视学生个体差异性的教学设计,可称为以多元智能理论为指导的教学设计。

多元智能理论与传统智力理论相比,有以下区别。

第一,传统智力理论认为,智力是以言语-语言能力和逻辑-数理能力为核心的、以整合的方式存在的一种能力,人与人的不同,体现在智力的数量上,因此人们就被贴上正常人、低能儿和超常儿等标签。但是,现实生活中人类个体的差异远远要大于传统智力的简单划分。多元智能理论认为智能有多种类型。个体之间的差异,主要体现在每个人智能优势和智能组合不同。由于每个人都有八九种智能,而且其智能优势、智能弱势各不相同,这就决定每个人的智能结构都是独一无二的,它强调的是个体之间的差异。

第二,传统智力理论将智力限定在认知范围内,把智力等同于认知能

力。多元智能理论则有所突破,如人际交往智能和内省智能明显不在认知范围内;传统心理学认为的某些"感知活动",多元智能理论却命名为"智能",如传统心理学称为视觉的活动,加德纳称其为空间智能。

第三,传统智力理论认为,智力是与生俱来的一种生物特征,与社会、文化没有关系。多元智能理论则认为智能是在一个或多个文化背景中被认为是有价值的、解决问题或制造产品的能力,这样就将社会、文化引入智能的内涵。

第四,传统智力理论认为,智力是与生俱来的,因而也是固定不变的,人生而具有一定量的智力。在多元智能理论中,由于智能具有社会性,因而智能可以通过后天的努力得到发展,优势智能可以得到巩固,弱势智能可以得到提升,智能结构可以得到优化。

第五,传统智力理论认为,个体的智力可以通过智力测验测量。多元智能理论认为,智能是在某种社会或文化环境中,个体用以解决自己遇到的真正难题,或生产及创造出有效产品所需要的能力,对每一种智能的研究都应将其放回它所处的文化情境中。

在进行以多元智能理论为指导的教学设计时应该注意以下几方面。

第一,教师要深入理解多元智能理论的精髓。

第二,教师要根据每个学生不同的智能倾向和结构,为每个学生量身定做其发展的方向与途径,分配相应的学习任务,加强其优势智能,弥补其弱势智能,优化其智能结构。

第三,多元智能理论认为每个人都有自己理解事物的独特方式,因此教师要为学生选择合适的教学策略,让每个学生都有机会运用自己的方式去理解和解释历史事物。

第四,多元智能理论影响下的评价理论认为,教师要设计出一份多元评价方案,实现评价内容与方式的多元化,促进每个学生的发展。

六、采用讨论式教学法的教学设计

讨论式教学法指在教师引导、组织、参与、催化下,由两个或两个以上的学生组成小组,互相分享、批判各自的想法,以此来实现教学目标的教学活动。采用讨论式教学法的历史教学设计时,需要考虑以下因素。

第一,教师是否意识到自己在教学活动中所起的典范作用。

第二,教师和学生是否具备相当的讨论式教学法的知识、方法、观念。

第三,供讨论的问题是否可操作并具备成为课堂讨论对象的价值。

第四,教师是否能够准备较充分的促进学生展开讨论的材料。

第五，教师是否能保证学生提前并同等地获得相关资料。

第六，学生是否系统地、批判地提前阅读有关资料，能否为讨论做好认知准备。

第七，本节课试图指向的讨论内容是否能与学生原有学习方式较为顺利地衔接。

第八，本节课是否可以找到适当地进行即时课堂评价的手段。

在采用讨论式教学法的教学设计时需要注意以下几方面。

第一，讨论的内容务必要符合课程标准中的相关培养目标，教学设计者首先要对教学内容有一个明确的三维目标。

第二，讨论的问题必须富有挑战性、趣味性、启发性、哲理性、探究性、批判性，以激发学生讨论的欲望和积极性。

第三，在进行这样的设计时，先要做好学情分析，了解学生是否对讨论感兴趣，是否具备了民主讨论的初步概念。

第四，采用讨论法的教学设计，教师必须设计一套完整的激励机制，将讨论和奖励紧密结合起来。

七、以人格养成为中心的教学设计

如果一节课的全部内容，无论是介绍历史人物所作所为的史实铺垫，还是对所作所为的史实认知方法的指引运用，都是围绕如何彰显历史人物的精神品质而展开，都以让学生养成人格为最终指向，我们就可以说这节课是以人格养成为全课的中心。

进行以人格养成为中心的设计时，需要考虑以下因素。

第一，教师是否能够准确把握人物精神品质的内涵。

第二，教师是否认同以人格养成为中心进行教学设计。

第三，教师是否能够准备足够的用来反映人物精神品质的细节材料。

第四，教师的口头、表情与肢体语言是否具有足够的表现力和感染力。

第五，学生在未来是否有可能遇到反向的情感、态度与价值观的冲击。

第六，本节课对教学内容、顺序的调整和整合是否在学生的认知能力范围内。

第七，本节课试图指向的情感、态度与价值观是否能与学生原有的情感、态度与价值观顺利衔接。

第八，本节课的教学是否没有太大的知识、方法层面的教学任务和压力。

第九，在本节课中为了彰显人物精神品质而必须做出的知识与方法上的舍弃是否在可容忍的范围内。

第五章　合理设计：历史教学设计研究

在进行以人格养成为中心的教学设计时，需要注意以下几方面。

第一，教师要根据课程标准和教材具体内容，全面分析历史人物的所作所为，这是进行以人格养成为中心的教学设计的前提和基础。

第二，要善于选择恰当的材料来反映人物的精神品质。让史料说话是一种行之有效的做法。所选材料不在于数量的多少，而在于质量的好坏，所谓好材料应该是典型的、能充分表现人物精神品质的材料。

第三，围绕精神品质设计具体的教学环节。设计时要紧扣人物的精神品质这一核心，所有的教学内容都围绕着如何彰显人物的精神品质而展开。在这样的设计中，重要的不是如何促进学生知识结构的生成，而是精神品质的呈现。所以，有必要对教学内容进行适当的整合。

第四，在这种教学设计中，特别需要注意避免出现千人一面、千篇一律的现象。所以，在设计中，既要呈现共性的一面，更要呈现个性的一面。这样，历史人物才会鲜活，生动，呈现出的历史舞台才会丰富多彩。

第五，要善于采用丰富多彩的方式吸引学生参与情感体验和价值认同。由于整节课需要在同一种情感和同一种价值取向下进行，如何防止学生出现情感倦怠或逆反心理就成为必须考虑的一个问题。教师应不断地改变教学手段以有效地保持学生的新鲜感。从实践效果来看，这样的做法是相当成功的。

八、采用虚拟情境教学法的教学设计

如果一节课通过创设虚拟的情境，再现了历史，发展了学生的历史思维能力，有助于学生主动建构历史认识，我们就可以说这节课是采用虚拟情境教学法的教学设计。在进行以创设虚拟情境为中心的设计时，需要考虑以下因素。

第一，创设虚拟情境的目的是否明确。
第二，创设虚拟情境是否有助于将抽象历史具体化。
第三，创设虚拟情境是否有助于学生深刻理解历史史实。
第四，创设虚拟情境是否有助于激活思维。
第五，创设的虚拟情境是否有史实作为依据。
第六，创设的虚拟情境是否足够典型。
第七，创设的虚拟情境是否与历史内容有内在的联系。
第八，创设的虚拟情境是否具有趣味性。
第九，创设的虚拟情境是否具有合理性。
在进行以创设虚拟情境为中心的教学设计时需要注意以下几方面。

第一,对课程内容进行评估。如果课程内容零散,繁多,枯燥,导致学习者无法在历史知识目标和自身经验之间建立高效的联系桥梁,就有必要考虑采用虚拟情境作为教学设计的中心。

第二,对学生的接受度进行评估。教学设计的首要目标便是吸引学生的兴趣,学生被吸引住了,课便成功了一半。教师创设出的虚拟情境必须与以学生的心理水平、知识水平和思维水平为核心的学生实际水平相适应。

第三,选择创设虚拟情境的形式。可供选择的虚拟情境形式多种多样,较为常见的有角色扮演、换位思考、虚拟故事、虚拟史料等。教师应根据所在环境的具体情况,结合对课程内容和学生接受度的评估选择最优方案。

九、采用历史"神入"教学法的教学设计

一种意见认为,"神入"教学法的具体表现形式基本上有以下两种。

第一,编演历史剧,其主要以复原历史进程、增强学生学史的兴趣为目的,今天的历史课堂也时常能看到历史教师指导学生编演历史剧的情况。

第二,编制习题,重在考查学生的逻辑推理思维能力。

其实,只要是提供历史资料和历史情境,帮助学生形成对人们的历史行为和结果的复杂性持一种尊重、理解和敏感的态度,均属于"神入"教学法的范畴。

"神入"教学法具有重要作用,主要表现在以下两方面。

第一,"神入"教学法有助于拉近学生与历史的距离,激发学生对历史的学习兴趣。"神入"教学法在一定程度上让学生参与了历史,充分体现了学生在历史学习中的主体地位,使学生感到历史并不是枯燥乏味的过去史事,而是离自己并不遥远的活生生的事实。

第二,"神入"教学法可以增强学生对历史的感知和理解,形成正确的历史意识和观念。用"神入"的方法推断历史事件中参与者的态度和心智状态,透过历史人物的眼睛观察历史,体验历史情境,并在因果分析及描述动机和尝试中,逐步加深学生对历史上人们的思想和行为的理解。

采用历史"神入"教学法应考虑以下问题。

第一,学习过程中是否容易出现"以今度古"的历史误解。

第二,教学内容是否涉及历史人物面临的选择或心理冲突。

第三,学习内容是否需要学生去实现历史场景的复原。

第四,教学内容能否提供反映历史人物心理、情感、意图、思想的历史

证据。

第五,教师是否有适合的历史资料创设"回归历史现场"的情境。

第六,如果拟采用课本剧的方式"神入",则需考虑是不是有一群历史人物,并形成一个较集中的矛盾冲突和人物对话。

第七,如果拟采用较正规的课本剧,则需考虑是否具备相关服装道具、布景制作等条件。

历史教学中正确运用"神入"的方法,需要经过创设问题情景和学生考察历史背景两个步骤。其中,学生考察历史背景包括以下几方面的工作。

第一,收集有关历史问题的证据。

第二,对历史证据进行详尽的分析和评价。

第三,为了有效"神入",学生必须对所研究历史问题所处的社会政治和文化背景有一个全面的了解,避免用现代人的价值观、信仰和认识来理解历史问题。

第四,在对历史人物进行"神入"时,需要对其个性、背景、性格和信仰有一个全面的了解,因为不同的人,即使给予相同或相似的环境,也可能会导致完全不同的行为后果。

第四节 历史教学中的说课与观课研究

一、历史教学中的说课

(一)说课的含义

说课是教师对教学设计的一种陈述,是以教育、教学理论为基础,以说为形式,面向同行、专家系统而概括地说课标、说教材、说教法与学法、说教学程序的实施,而后评议、交流、切磋的一种新型的教研活动形式。说课不受场地和人员的限制,时间可长可短,形式多种多样,深受大家的欢迎和重视,被广泛运用于历史教学研究活动中,有效地推进着历史教育教学的改革发展。

(二)说课的性质

1. 群体性

说课是由众多教师和同行参与的,所以说其具有群体性的特征。

2. 交流性

说课具有交流性,即说课者与听课者需要彼此交换意见。

3. 研究性

说课还具有一定的研究性,即交流的内容是各自经过一定思考、研究、实践的结果。

4. 可操作性

这种可操作性主要由下列因素所决定。

第一,说课的内容及要求非常明确,具体,规范。

第二,说课不受时间、地点和教学进度的限制,具有灵活性。

第三,说课对每一位教师来说是一种简单易行、带有普遍意义的教研活动,具有广泛的参与性。

(三)说课的作用

说课具有以下几方面重要作用。

1. 有利于促进历史教学的互动研究

说者与听者就所说内容开展进一步的分析、讨论甚至辩论,及时发现问题,解决矛盾,有利于实现教学经验的相互交流,提高教研的整体效益。

2. 有利于提高历史教师的教学能力

说课人通过学习先进的教育理论,自觉地运用反思方式来审视自己的教学设计及教学行为,找出自己理论与实践之间的差距,自觉分析产生这种不一致的原因,并及时采取相应的改进措施,以实现教学能力的迅速提高。

3. 有利于推动历史教学的有效评价

说课能综合考核说课人的基本素质和教学能力,尤其是驾驭教材的能力,弥补原有教学评价中教师理论水平信息不足的状况,推动教学评价的发展。

(四)说课的分类

1. 研究型说课

研究型说课是指集体备课中的说课。活动前就某一课题大家进行充分准备,指定说课人,并为研讨提供相应的素材,然后大家共同讨论,形成一个最佳的教学方案。它有利于群体优势的发挥,有利于教师之间的相互交流、相互促进和共同提高。

2. 训练型说课

训练型说课是以指导教师的组织为主,由说课人依据历史专业知识,在对历史学科内容进行充分备课的基础上,对自己的历史课堂教学进行科学合理的设计,并找出其设计依据,写好说课稿,然后面向指导教师陈述自己的课堂教学设计及依据,最后进行分析评价,共同研究改进意见,进一步完善该课的教学设计,提高教师课堂教学技能,是一种操作性研究活动。

3. 评比型说课

评比型说课是指以说课方式进行的评比、竞赛活动。说课为评比提供信息和依据,评比主要是评价教师教学设计水平、说课水平以及理论功底,从中优选,树立典型,确定骨干。它的激励作用大,有利于说课活动的广泛开展。但由于是背靠背评比,可能会缺乏针对性的信息反馈和交流。

(五)说课的原则

1. 科学性原则

科学性原则是说课应遵循的基本原则,它是保证说课质量的前提和保证,主要体现在以下几方面。

第一,学情分析要力求准确,符合教学实际。

第二,教学目标要符合课标和学生的具体情况,合理处理好三维目标的关系。

第三,说课过程中对教材处理要详略得当,得体。

2. 理论性原则

理论性原则是指说课人应该以理论做指导,有机联系教学实际。说课人的理论水平高低决定了说课的价值,但是也不能完全拘泥于其束缚,应以符合教育教学规律为基本准则。

3. 逻辑性原则

逻辑性原则包括内容安排的逻辑性和语言表达的逻辑性。将说课内容按照它们的内在逻辑组合成一个完整的系统,在整理过程中使内容与说理有机融合。同时,说课者在说课时还需要注意语言表达要条理清晰、层次分明、逻辑严密。

(六)说课的内容

1. 说教材

说教材即说明该节(课)内容在本单元或某一部分中的地位以及教学目标、重点、难点等,还要说出依据。

2. 说课题

说课,顾名思义说的是"课",说自己对于"课"的理解,是经过对"课"的研究之后的结果,因此说课题就成为说课的开始。

3. 说教法

说教法即说明该课在教学过程中将采取哪些教学方法及依据。教学方法多种多样,但使用何种教学方法要根据教学内容和师生的主客观条件而定。在说课中,教师应将拟采用的教学方法、主要依据及预期的效果说出来。

4. 说学法

说学法即说明在教学过程中,针对所教内容的难易程度,结合学生的实际情况,教会学生掌握知识、能力及学习过程的方法或技巧,亦即学法指导。历史教学不仅仅是让学生掌握一些基础的历史知识,而且更要考虑教会学生学习历史的方法和思考历史问题的能力,恰当的学法指导有利于学生对历史知识、基本概念和历史结论的理解;有利于学生转变被动接受、死记硬背的学习方式,拓展学生探究历史问题的空间;有利于学生初步掌握分析、评价历史人物、历史事件、历史现象的方法。

5. 说教学过程

说教学过程是说课中最重要的一个环节。要求说课教师说明组织实施这一节课的具体方案,说教学过程往往最能体现教师的教学基本功和素质,所以,说课教师应紧紧把握教材的重点、难点,围绕教学目标,切实处理好各个教学环节的关系,进行精练、简洁的陈述。

6. 说教学手段

教学手段是各种各样、丰富多彩的。教师可以结合不同的教学内容,

第五章　合理设计：历史教学设计研究

将多种教学手段如多媒体、投影仪、录像带、挂图、实物模型、新闻图片等引进历史课堂。对历史课来说，多样化教学手段的运用可以增强学生的感性认识和学习兴趣，给学生留下深刻印象。

（七）说课的策略

1. 说课前的准备

（1）注意教学新形象

一位衣着整洁、自然爽朗、落落大方的说课者站在大家面前，配以简洁、生动、流畅且富有感情的语言侃侃而谈的时候，留给大家的不仅仅是说课的良好形象，更应该说是一种美的享受。

（2）树立新课程理念

面对新课程改革，历史教师必须娴熟地掌握各种新的教育理念、教学技能，为走上教学舞台做好充分准备，让新课程理念日渐渗透内化于自己以后的教学生涯和教学灵魂。

2. 说课中的技巧

（1）抓住背后的理念灵魂

教育理论和教学理念是说课的灵魂所在。说课不仅要说出其然，即教什么、怎么教，而且要说出其所以然，即为什么要教这些、为什么要这样教。失去背后理念支撑的说课，就会缺乏深度，毫无吸引力。

（2）把握基本的内容与程序

按照一定程序科学地排列各项说课内容，这是说课的基本要求。一次完整的说课活动可以按如下顺序进行。

第一，吃透课程标准。

第二，钻研（把握）教材。

第三，分析学情。

第四，确定学法。

第五，选择教法。

第六，设计教学过程。

第七，写出讲稿，登台说课。

第八，评后修改。

第九，上课再实践，总结提高。

（3）敢于发挥个性、大胆创新

说课要敢于发挥个性，在广泛吸收他人说课优点的基础上说出自己的特色,形成自己的风格。它是教师教学智慧与经验碰撞的火花,是在新的教育教学理论启发下对自己原有教学经验和教学方法的重新诠释。

3. 说课后的反思

(1)注意说课与上课的统一性

注意两者的统一性,不能理论上说的是一套,上课做的是另一套。统一性并不是否定上课时根据教学的实际情况进行调整,而是强调说课与上课在指导思想上的一致性,应通过教学实践检验说课的设计是否合理。

(2)保持说课与评课的结合度

说课与评课应相互映衬,说课的重心也是评课重心所在。评课不仅要发现和寻找说课存在的问题和解决方法,而且要善于挖掘说课的闪光点。说课者要写教学后记,通过长期的教学后记的积累与反思,探索说课的基本规律。

(八)优秀说课的特征

1. 诠释教学思想

从说课的陈述形式看,它不限于对教学设计或教案的简单说明解释,它不是教案的复述,也不是上课的预演。它是在兼有上述两点的基础上,更加突出地反映教师如何将教学思想运用于该课的教学目标、内容、策略等的设计中,因此,更加注重的是对教学理论的诠释。所以,教师在说课时必须清晰、完整地表达出相关的教学思想和自己的教学观点与思路。

2. 突出教学理念

虽然教师在备课的时候也需要教学理念的支撑,教学设计也体现出一定的教学理念,但备课中的理念往往是一种内隐的东西,发挥着潜在的作用与影响。而说课则不然,说课中的教学理念是突出的、外显的,因为说课不仅要说出其然,而且要说出其所以然。没有教学理念的说课,也就失去了最关键的亮点。

3. 体现教学能力

从说课的整个过程看,好的说课对教师由传统的经验型教师向现代科研型教师转变大有裨益。

第一,教学思想的阐发能够使教师进一步掌握和树立新课程改革观。

第二,教学设计的展现可以使教师将教学理论与实践紧密结合起来,用先进的教学理论指导教学实践,解释教学现象。

第三,教学效果的预期或反思可以提升教师的教学能力。这些都通过说课充分表达出来。

4. 展现教学境界

创新是教学的灵魂,也是教学的最高境界。教学应该具有创造性。说课者对教学活动的创造性可以通过说课呈现在同行面前,这种创造性体现在说课者对教学准确而独到的理解,对教学环节别具一格的安排和设计,对教学策略颇具匠心的运用技巧等上面。

(九)说课与备课、上课的区别

1. 说课与备课的区别

说课与备课活动的形式显然不同,后者是个人搜集资料,思考设计教案,前者是在大庭广众之下的叙述。通常来说,备课是教师在钻研课程标准、教材的基础上写出教学设计(教案)的过程,它有明确的教学目标和教学对象、具体的教学内容、连贯的教学步骤、多样的教学方法,有板书设计和测试练习等。而说课,虽然也要谈到这些方面,但主要侧重于说教师对教材、教学的总体把握以及教学设计的理论依据,即说课主要是回答自己为什么这样备课的问题。因此说课时,教师不能把自己写的教学设计或教案照念一遍。

2. 说课与上课的区别

上课是教师在课堂环境下根据自己编写的教学设计实现教学目标、完成教学任务的过程。上课有具体的教学对象——学生,有一定的教学程序和具体的操作方法,有师生以及生生之间的多边活动,是很具体的教学实践活动。说课则不同,说课的对象是特殊的听众——同行,是说课教师一个人的"独角戏",它侧重于理论阐述。许多时候,它带有相互学习、共同探讨教学问题、提高教学质量的性质,也可以说,它是集体备课的一种特殊形式。

二、历史教学中的观课

(一)观课的含义

观课也就是课堂观察,是研究者或观察者带着明确的目的,凭借自身感官及有关辅助工具(如观察表、录音录像设备等),直接或间接地从课堂情境中收集资料、评价得失的一种教育科研方法。

(二)观课的原因

1. 为课堂研究提供可靠的资料

课堂是学校教育的基本单位,是研究教学活动最重要的场所,它蕴含着丰富的、有价值的研究要素。课堂研究正是要通过对这些要素的研究,揭示课堂的事实和规律。而观课能够为课堂研究提供可靠的资料。

2. 能够对转瞬即逝的课堂情境做更加细致、深入的记录与研究

课堂情境具有变化迅速,事件发生的同时性、即时性等特点,如果像日常听课那样凭经验而为,这样观察的成效就不大。现代课堂观察已经成为专门的学问,有一套比较系统的理论与技术,使得对课堂深入细致的观察与分析成为可能。

3. 促进教师专业化发展的重要途径

观课在促进教师反思和研究自己的教学活动方面,发挥着较为独特的作用,它通过对同事、同行等的观察,增进自己对课堂教学行为的认识,批判性地反思自己的教学行为,以达到提高教学质量的目的。

4. 有利于学校对教师的评价

观课能为学校管理者提供教师教学工作状况的信息,从而对教师做出比较客观、准确的教学评价。

(三)观课的方法

观课的目的是为了教学研究,提高教学质量。课堂中的问题多种多样,但无外乎师生互动、教师讲授、学生行为等。国内外课堂观察与研究,大多数都聚焦于这些问题。课堂观察一般是不定向的整体观察,但有时也进行定向的对某环节或某方面观察,如对课堂教学开头或结尾的观察,对教师提问或学生行为的观察等,这些也很重要。以提问来说,尽管在课堂教学中教师的提问频繁发生,但很多教师对提问的类型、方式、对象、节奏等缺乏良好的设计,大大降低了提问的有效性。一些不当的或低效的提问行为可能连教师自身也没有意识到。然而,经过课堂观察以及意见反馈,教师可以加以调整,从而增强提问的有效性。

作为观察者,做好观察记录是课后评课与交流的关键。如何对一堂

第五章　合理设计：历史教学设计研究

课做比较细致、深入的记录并没有固定的格式,只是需要注意两个问题。

第一,在观察前就要明确观察的焦点是什么。

第二,观察记录要力求翔实、完整,必要时可以借助录音、录像等工具。

第六章 客观评价：历史教学评价研究

教学评价是教育教学活动中的一项重要内容，是一种动态的价值判断过程。从现代教育管理和教学理念的发展趋势看，积极开展科学的教学评价，对于提高教育质量、加强教育研究、培养高素质的人才有着很重要的意义和作用。

第一节 历史教学评价的内涵

一、教学评价的含义

教学评价的内涵随着时代的发展而发展，各个时期研究者对它的认识及侧重点不尽相同。现代教育教学从多个角度对教学评价进行了研究，概括地讲，主要包括广义与狭义两个方面。从广义上分析，教学评价包括学校教学管理、教师的教学工作、课堂教学、教学方法、教学模式与内容、教学资源的利用与开发以及学生的学业成就等方面的内容。从狭义的角度看，教学评价一般只包括教师教学和学生学习评价两个方面。本章所研究的教学评价主要是指狭义层面的教学评价。

二、教学评价的类型

根据评价的功能，可以将教学评价分为以下三种类型。

（一）诊断性评价

诊断性评价也称教学前评价或前置评价。一般是在某项活动开始之前，为使计划更有效地实施而进行的评价。诊断性评价的主要用途包括以下三个方面。

第六章 客观评价：历史教学评价研究

1. 检查学生的学习准备程度

在教学前，如某课程或某单元开始前进行测验，可以帮助教师了解学生在教学开始时已具备的知识、技能程度和发展水平。

2. 确定对学生的适当安置

通过安置性诊断测验，教师可以对学生学习上的个别差异有较深入的了解，在此基础上经过合理调整使教学更好地适应学生的多样化学习需要。

3. 辨别造成学生学习困难的原因

在教学过程中进行的诊断性评价，主要是用来确定学生学习中的困难及其成因的。

通过诊断性评价，教师可以了解学生学习的准备情况，也可以了解学生学习困难的原因，由此决定对学生的适当对待。

（二）形成性评价

形成性评价又称"及时评价"，是指在教学活动过程中，评价教学活动本身的效果，用以调节教学活动过程，保证教学目标顺利实现而进行的评价。形成性评价的目的在于了解被评价者在活动中形成或获得了哪些品质、知识和技能，还存在什么问题，总结经验教训，及时改进工作过程。在教学中，当一单元或一个章节学习完成时，可以进行一次形成性评价，以检查学生学习的进展情况，调整和改进整个教学工作，对学生进行及时指导，以帮助学生完全达到预期学习目标。

（三）总结性评价

总结性评价又称"事后评价"，一般是在教学活动告一段落时为把握最终的活动成果而进行的评价。总结性评价注重的是教与学的结果，借此对被评价者所取得的成绩做出全面鉴定，区分等级，对整个教学方案的有效性做出评定，例如学期末或学年末各门学科的考核、考试。目的是验明学生的学习是否达到了各科教学目标的要求。

三、历史教学评价的功能

具体来看，历史教学评价的功能主要包括以下几个方面。

(一)导向功能

教学评价的导向功能是指评价本身所具有的引导评价对象朝着理想目标前进的功效和能力。教学是一种有目的、有计划的活动,教学评价能够保证教学目标的实现。评价必须为教师和学生指明教与学的努力方向,必须为教师和学生确定明确的达成性目标,使之不断地逼近目标,最终实现目标。如果方向确定有偏差,教师的教和学生的学就会出现不良的效果。

(二)激励、改进功能

激励、改进功能是指教学评价对教师、学生具有一种激发情感、鼓舞斗志、反思改进、积极向上的功效和能力。评价本身不是目的,提高和改进才是评价的真正意图。教学评价的激励和改进功能可以激发教师与学生的内部动机,使两者有意识地把注意力集中在教和学上,可以提高他们教学和学习的积极性与效果。激励和改进功能提倡发现和肯定教师与学生的教学、学习成绩和优点,激励他们进一步改进和完善相关的教学、学习活动和发展计划,使教师的工作得到充分的尊重,使学生的自信得到提高。要想发挥好教学评价的激励、改进功能,需要做好以下工作。

第一,通过评价创设向上、创新的心理气氛,激励教师研究教学、改进教学,争取最佳的教学效果。

第二,激励学生努力改进学习方法,端正学习态度,提高学业成绩。

第三,在具体的教学中,应对教学过程和学习过程的重要问题进行深刻分析,做好前后比较。

(三)诊断功能

诊断功能是指教学评价能够对教育活动中存在的问题进行揭示与分析,找到症结与原因所在,进而促使教师提出改进和补救建议。从教师教的角度讲,具体表现在以下几个方面。

1.可以诊断出学生个体存在的学习问题

在教学中,教师通过教学评价了解和掌握每一个学生个体在班集体中的位置,在每一项学习内容上的达标情况以及在学习各项内容中表现出来的优劣情况,从中找出问题的症结所在,使教师有的放矢地对学生进行个别指导。

第六章　客观评价：历史教学评价研究

2. 可以诊断学生整体存在的学习问题

教学不能使全体学生以同等的水平和程度达到教学要求,实现教学目标。通过教学评价,教师可以了解学生在学习中存在的普遍问题的性质、程度与造成问题的原因,从而使教师在教学中有目的地调整自己的教学策略。

3. 可以诊断教师教学中的不足

通过教学评价,教师可以了解自己的教学目标是否合理,教学方法、教学手段的运用是否得当,是否突出了教学重点,是否突破了教学难点,等等,以便有针对性地修正有关内容,改进不足,提高教学水平。

(四)鉴定、选拔功能

教学评价的鉴定、选拔功能,伴随着评价活动的产生而同时出现,教学评价的鉴定、选拔功能主要表现为以下几方面。

1. 进行认可鉴定

对某一个阶段教师的教学或学生的学习做出认可性的评定,以此判断教师或学生已达到的水平,是否能够进入或胜任高一级的教学或深造。

2. 资格鉴定

判断被评者是否具有某种资格,比如是否可以作为某学科的教师,以及对教师级别的评定。

3. 选拔评优

选拔评优指主要通过对被评者的鉴别进行相互间比较。教学评价的选拔评优更注重个体在群体中的位置,测评结果的分布要求尽量拉开档次,便于甄别和筛选,如各种形式的竞赛活动及高考。

(五)反馈、调节功能

反馈和调节是教学评价的一个重要组成部分。教学评价的结果为教师和学生了解教学、学习状况提供了大量的反馈信息,使教师、学生根据反馈信息对原来的教学设计、学习方式做出必要的、及时的调节,以取得最佳的效果。教学评价可以为教学活动提供反馈信息,以便调节教学活动,使教学始终能够有效地进行。从教学评价活动中,我们可以获取教师和学生对教学内容结构、教材处理、教授方法、教学语言和技能等各方面的反映,由此让他们了解到自己的教学能力和学习水平。另外,还可以从领导、同学的评价中,了解自己,认识自己,以便进行自我调节,加强自我修养。通过教学评价提供的反馈信息,可以进一步明确教学目标,了解教学目标的实现程度和教学活动中采用的教学方法、教学策略、学习方式是否有利于教学目标的实现。

（六）咨询、决策功能

科学的教学评价是教学工作决策的基础。教学评价可以为教育领导机关和管理部门提供改进工作的信息,也是教学工作实施目标管理、质量管理的重要环节。现代社会十分强调向管理要质量,教学工作也不例外。

教学工作目标的实现与教学质量水平的衡量都必须借助教学评价这把尺子来衡量和判断。这是因为教学评价有助于找出教学过程中的薄弱环节,有助于检查教学目标、课程标准的现实情况,有助于掌握教师的教学态度、教学能力、教学改革与创新的情况等,能够为领导做出提高教学质量的决策、改进教学的管理和有效采取提高教学质量的措施提供依据。当然,通过教学评价,国家、集体、社会可以选拔出优秀人才。

四、历史教学评价的原则

（一）全面性原则

新课程要求教育评价不仅要体现认知目标,还应体现情感、意志、能力等方面的目标。全面性原则要求在评价目标内容的确立上应体现出全面性。历史新课程教学评价把教学过程与评价过程融为一体,最大限度地发挥了评价对于教学活动的导向、反馈、诊断、激励等功能。评价的信息来源不再仅仅局限于课堂,而是拓展到了培养学生发展的各种空间,包括课堂教学、课外活动和社会实践等。评价也不再仅由教师通过课堂内外的各种渠道采集学生素质发展的信息,而是设计各种评价工具,鼓励学生主动收集和提供自我发展的评价信息。

（二）科学性原则

科学性原则的基本含义是教学评价的标准和方法都应科学地设计和安排,应努力提高教学评价的科学化水平。它主要是针对课程与教学评价中的盲目性、随意性、经验主义、科学水准不高等问题提出的。历史是一门科学,所以历史教学评价必须具有科学性。在理论上,历史教学评价以当代教育评价的先进理论,如多元智力理论、建构主义评价理论等为指导;在技术手段上,历史教学评价运用各种先进的教育测评技术进行定性和定量的研究,以揭示教学评价的一般规律及其在各种情况下的特殊形态;在实践上,历史教学评价以事实为基础,不墨守成规,积极吸收其他学科评价的优点,勇于创新。科学的理论、科学的手段和科学的实践形成了历史教学评价科学性的特点。

（三）方向性原则

方向性原则是指教学评价必须以国家的教育方针,国家颁布的课程计划、课程标准,国家正式审定的教材为依据,通过评价使教学坚持正确的方向,促进学生的全面发展。

（四）发展性原则

发展性原则是指评价不仅要关注师生的现实表现,更要重视师生的未来发展,重视每个教师或学生在本人已有水平上的发展。发展性是历史新课程所需要的教学评价最重要的特征。评价的作用是促进每个学生在已有水平上不断发展,从评价学生的"过去"和"现在"转向评价学生的"将来"和"发展"。

（五）激励性原则

激励性原则是指教师对学生的评价应与之共同介入对课程知识的探求和体验之中,用心灵拥抱心灵,以激情点燃激情。

（六）多样性原则

多样性原则指的是评价方式应具有多样性,即从多视角、多渠道对学生进行评价。新课程的教学评价主体是多元的,评价包括教师评价、学生自评和互评、学生与教师互动评价等,提倡把学生小组的评价与对小组中每个学生的评价结合起来,把学校评价、社会评价和家长评价结合起来。就评价内容而言,评价注重的是学生学习的主动性、创造性和积极性。评价关注的是学生在学习过程中的表现,包括他们的使命感、责任感、自信心、进取心、意志、毅力、气质等方面的自我认识和自我发展。评价学生的学习不再仅仅依靠成绩、测验,还包括对和学生学习有关的态度、兴趣、行为等的考查。用一句话说,就是以多维视角的评价内容和结果综合衡量学生的发展状况。

（七）自评和他评相结合的原则

教学评价的根本目的是提高教学质量。因此,让师生自行制定评价的标准、原则和方法,让他们在教学实践中经常地进行自我评价,会不断地改进师生的教与学,有利于提高教学质量。在自评的同时重视他评,可有针对性地对某一教学问题进行专门评价,能准确地发现教师教学的优缺点,有利于明确今后的努力方向。

五、历史教学评价的理论流派

（一）建构主义理论

20世纪后叶,建构主义的教学观盛行于西方。建构主义主要关注如何以原有的经验、心理结构和信念为主建构知识,强调学习的主动性、社会性和情境性。建构主义理论的基本观点有以下三个。

第一,知识不仅是通过教师传授获得的,而且是学习者在一定的情境,即社会背景下,借助于其他人的帮助,利用必要的学习资源,通过意义建构的方式获得的。

第二,情境、协作、会话和意义建构是学习环境中的四大要素,强调教学中多向社会性和相互作用对学生学习建构的重要作用,主张教师与学生之间、学生与学生之间进行丰富的、多向的交流,讨论或合作性地解决问题,提倡合作学习和交互学习。

第三,建构主义提倡在教师指导下以学习者为中心的学习。

建构主义理论对实施新课程教学提供的有益启示在于,课程实施是学生通过驱动自己学习的动力机制积极主动地建构知识的过程,这种建构是学生在自身的经验、信念和背景知识的基础上,通过与他人相互作用而实现的。教学过程是师生之间、生生之间的多边互动。因此,在历史教学评价过程中,学生不是一系列评价的消极应付者,而应该是主动参与者。

（二）多元智能理论

多元智能理论是于20世纪由美国哈佛大学心理学家加德纳教授提出的。该理论扩展了学生学习评估的基础,改正了以前教育评估的功能和方法。多元智能评价观具有四个显著特点。

第六章　客观评价：历史教学评价研究

1. 评价项目的多元化

多元智能理论强调人的智能是多元的,每种智能都具有不可替代的作用。评价要尊重学生智能发展的多样性。

2. 评价主体的多元化

多元智能理论认为评价主体应是多元的,不仅有教师评价,还要求学生进行自评、互评,班组、教师、家长都参与到评价中来。

3. 评价内容的情境化

在教学评估中,加德纳主张进行与学习过程相一致的情境评估。只有在具体的实际问题情境或模拟情境中施测,才有利于学生各项智能的展露,也才能客观地评价学生的真正智能。

4. 评价时空的开放性

加德纳主张评估以学生个人为本位,对学生学习的评估应该做到课内与课外相结合、阶段性评价与日常行为考查相统一,这样才能敏锐地刻画出学生成长的轨迹。

根据多元智能理论的评价观,我们在新课程教学中应建立起一个全新的多元教学评价体系。

(三)人本主义学习理论

马斯洛和罗杰斯是人本主义学习理论的代表人物。马斯洛提出了人的需要五层次说,自我实现的需要是人类需要发展的顶峰(图6-1)。罗杰斯则提出了"以人为中心"理论。

图6-1　马斯洛需求层次理论

人本主义学习理论提出了四个基本原则。

第一,必须尊重学习者,必须把学习者视为学习活动的主体。

第二,必须尊重学习者的意愿、情感、需要的价值观。

第三,必须相信任何正常的学习者都有自己教育自己、发展自己的潜能,并最终达到自我实现。

第四,必须在师生之间建立良好的交往关系,形成情感融洽、气氛适宜的学习情境。

历史新课程标准强调师生平等,在教学中充分尊重学生的个性特长,弘扬以人为本、善待生命、关注人类命运的人文主义精神。因此,人本主义学习理论在历史教学评价中起着十分重要的作用。

(四)泰勒的教育评价理论

20世纪40年代末,美国教育学家泰勒提出了自己独特的课程与教学观点。泰勒的教育评价理论有三个基本观点。

第一,评价过程实质上是一个确定课程与教学计划实际达到教育目标程度的过程。评价过程中不仅要报告学生的成绩,更要描述教育结果与教育目标的一致程度,从而发现问题,改进课程教材和教育教学方案与方法。

第二,该理论提出了一套以教育目标为核心和依据的课程和测验编制的原则,试图以此把社会的要求、学生的需要反映在课程与测验中。

第三,教育评价就是衡量教育活动达到教育目标程度的一种活动。

从泰勒的教育评价理论来看,其核心就是强调评价的过程性。这正是新课程教学评价最重要的理念。因此,它具有非常重要的指导意义。

(五)现代历史教育发展观

随着我国基础教育改革的深入,历史教育观与时俱进,形成了现代历史教育发展观。现代历史教育发展观有三个主要观点。

第一,其基本理念在于目标定位上的纠偏,也就是改变以往过分突出其工具性的偏谬,使历史教育回归其本质,即主要承载人文素质教育功能的基础性科目。

第二,历史教育必须挖掘创新思维培养功能。创造性思维能力的培养已成为当前教育改革的一个重要取向。

第三,新时期的历史教育观必须重视公民教育功能。正确的公民意识不仅是对自己所属民族国家的认同,还包含对世界整体性的认识。因此,作为承担政治教化功能的历史教育,在培养正确的公民意识方面应当发挥十分重要的、其他学科难以替代的作用。

第六章 客观评价：历史教学评价研究

总之，现代历史教育发展观是历史教育培养学生人文素质、创新精神和正确的公民意识的基石，历史教学评价也必须以此为依托。

（六）后现代主义教育思想

后现代主义是20世纪后半叶在西方社会流行的一种哲学、文化思潮，其影响广泛渗透到不同领域，包括教育领域。该理论的基本观点有三个。

第一，强调多元，崇尚差异，主张开放，重视平等，推崇创造，否定中心和等级，主张去掉本质与必然。

第二，尊重个性，强调学生的个别差异，注意学生的主体性和创造性的发挥，鼓励教师和学生发展一种平等的对话关系。

第三，注重过程，认为个体在活动过程中得以不断发展。

后现代主义为我们实施新课程评价提供了新的视野。每一个学习者都是独一无二的个体，教学不能用绝对统一的标准去度量学生的学习水平和发展程度，要给学生的不同见解留有空间。

六、21世纪历史教学评价的新进展

总体而言，新世纪的历史教学评价朝着主体多元化、方法多样化及结果人性化的方向发展。具体来看包括以下方面。

（1）学生历史知识的学习方面，由以前重视三大任务的完成转变为落实知识与能力、过程与方式、情感态度与价值观三维目标。与历史教学大纲相比，历史课程标准的行为主体已经由教师变为学生，学习及评价目标的表述也显示出层层递进的关系，而且操作性更强。

（2）建立过程性历史教学评价体系。过程性历史教学评价体系具有以下特征。

第一，评价时间贯穿于整个历史教与学的始终，比如对学生学业评价应该在学生的每个学习阶段不断地进行。这样，评价可以使我们综合考虑偶尔出现的分数过高或过低的现象，从而更真实地展示学生的学习情况。

第二，教师和学生在评价中应该积极地参与并自创评估工具和方法，比如学生在学习过程中也可以自行命制试题等。

第三，评价的功能旨在促进学生的全面发展，而非功利的学业选拔和淘汰，评价应对学生人格的形成与发展带来积极的影响。

（3）历史教学评价的方式更加多样化。以前历史教学大纲背景下的

历史教学评价方式以书面考试为主。历史课程标准颁布后,不仅评价理念发生变化,而且对评价方式也有巨大影响。比如,现在常见的评价方式有教师评价、学生自我评价、学生互评、教师观察档案袋评价、情景测验及标准化测验等。

第二节 历史课堂教学评价概述

一、历史课堂教学评价的作用

(一)有利于师生的自我教育和终身教育

历史新课程教学评价的内容是要有利于师生终身教育,要促进学生终身学习愿望的形成、自学能力的培养与良好学习习惯的养成,这对今后教师的教学和学生的学习都会产生激励作用。

(二)可以为决策者提供政策依据,并形成对教师的激励机制

国家对学生在历史教育方面的目标要求,主要是通过历史课堂教学这一学校教育的主渠道来实现的。管理部门通过评价能了解教师的教学效果和学生的学习成绩。评价对教师和学生具有监督和强化作用。

(三)具有研究收集信息和调控课堂教学过程的作用

课堂教学研究是教学研究的重点,通过评价课堂教学活动,可以探讨有关教学的许多重要问题,如课堂教学中的人际互动、教学模式的实施或创建等。评价给出的信息可以使师生知道自己的教和学的情况,教师和学生可以根据反馈信息修订教学计划,调整教学行为,从而提高教学效果。

(四)能够起到提高教师业务水平的作用

历史课堂教学评价是每一个教师了解自己教学水平和特点、同行之间相互促进以及选择教学方法、模式的过程。教师在参加自评与互评的过程中,学到的还有一种教学体验,即从一个新的角度观察与分析教师在课堂教学中的一切教学行为,从而为发现与纠正自身弱点、改进教学工作提供依据。

第六章 客观评价：历史教学评价研究

（五）有利于促进评价者和被评价者共同发展

新课程评价是要克服纯客观标准取向，允许被评价者在依据客观事实的基础上发表个人的见解，这种见解既是教学中教学主体创造性的反映，也是被评价者自身创造性的体现，从而使评价过程成为相互沟通、相互理解、相互学习、相互提高的过程，做到对立统一。

二、历史课堂教学评价的要素

（一）基础性要素

1. 教师行为

教师行为是指教师在课堂教学中为了完成教学目标表现出来的行为和活动的过程，是课堂教学评价的重要方面。

2. 学生行为

学生行为是指学生在课堂教学中参与学习的状态、学习的方式、学习的效果等，学生的行为和表现是课堂教学评价最基础的要素。

（二）过程性要素

历史课堂教学评价的过程性要素主要包括以下几方面。

1. 教学目标

教学目标是课堂教学的出发点和归宿，对整个教学过程起着调整、导向、控制的作用，要在领会课程标准精神、深入钻研教材、把握教材重点和难点、充分了解学生的基础上制订课堂教学目标。

2. 教学过程

教学过程是课堂教学的主要流程，是教学的表现形式，是教师和学生互动的过程，是课堂教学评价的主要因素。

3. 教学方法

教学方法是教师和学生为完成课堂教学目标所选择的方式和方法，包括教师的基本功、现代教育技术的应用、教学机智性、学生主体性的体现等。

4. 教学效果

教学效果是教师和学生完成教学目标的程度和状况的体现,是教学目标的归宿,是课堂教学评价的重要因素。

5. 教学反思

教学反思是教师和学生把自己在课堂教学实践活动中的表现作为认识对象而进行的全面、深入的总结,以追求教学更优化的过程;是教师和学生对自己教学和学习行为思考与研究,并对自己在教学和学习中存在的问题不断地进行回顾,运用教学标准中的要求不断地检验自己的过程。

三、历史课堂教学评价的方法

(一)课堂听课前的准备

第一,熟悉历史课程标准(历史教学大纲)和历史教材的相应章节内容。明确所评课的内容、重点、难点、所讲内容在历史课程和教学单元中的地位。

第二,通读被评教师的教案。一是看教师备课是否抓住了要点,二是看教师备课过程中是否有自己的创见。

第三,确定听课的重点。一方面,可以根据评价对象的意见确定听课重点。另一方面,可以根据评价者的意见确定听课的重点。

(二)听课中的实时记录

要求实时记录每一教学环节的教师用时、教师活动、学生活动和点评。听课中注意观察师生的以下五个维度。

第一,参与状态。

第二,交往状态。

第三,思维状态。

第四,情绪状态。

第五,生成状态。

观察教师的课堂教学行为包括以下五个维度。

第一,组织能力。

第二,注意中心。

第三,教学机智性。

第四,教学态度。

第六章 客观评价：历史教学评价研究

第五,教学境界。

(三)听课后的讨论与反馈

1. 评价对象的自我评价

授课教师简述自己本节课的教学备课情况,教学中预先的教学设计与实际的教学进程之间的差别,本节课自己感到比较满意的地方、存在的问题以及努力的方向。

2. 专家和同行的评价

专家和同行主要根据课堂教学教育心理学理论,结合课堂教学评价表和课堂实时记录对教师进行全方位、立体式的评价。

3. 搜集学生的反应及时反馈给评价对象

主要表现为课后与一些学生个别交谈,了解他们对所教内容的掌握程度,以及对教师教学方法的意见等。

四、历史课堂教学评价的趋势

(一)在评价主体上

在评价主体上,发展为评价主体的多元化。这个多元化的主体既包括外部的评价者,也更强调被评价对象的参与,评价对象主动参与发展。同时,还强调学生对课堂教学评价的参与,注重评价信息的多元性,重视自评和互评。

(二)在评价的功能上

课堂教学评价的目的是改进教学,提高课堂教学的质量,促进教师的成长。现代课堂教学也注重评价对课堂教学的导向作用,通过课堂教学评价,促使教师在课堂教学中充分发挥学生的自主性、主动性和创造性,注重学生的个人体验和生活体验,促进学生身心的良性发展。

(三)在评价的过程中

在评价的过程中采用终结性评价和形成性评价相结合,多次、多点、多方位进行评价。

(四)在评价方法上

在评价方法上呈现出方法多样性的特点,以及以质性评价统整量化评价的发展趋势。

(五)在评价的着眼点上

注重对过程的评价,尤其是师生之间的互动和学生的参与性评价。此外,还将教学过程优化所需要的各种因素、环境、条件都纳入课堂教学评价的范围,而且在对待评价结果上也从原来单纯关注评价的客观性、准确性和公正性,发展到更加重视评价结果的反馈和对评价结果的反思,从而促进教师的发展。

第三节 教师历史教学质量评价

教师历史教学质量的衡量,是考查教师工作水平的重要指标,同时也是关系到广大一线教师切身利益的大事。进行教师教学质量评价是提高教育教学质量、促进教师成长和学生发展的重要手段,也是新课程顺利实施的重要保证。

一、教师历史教学质量评价的途径

(一)学生评价

学生是教师历史教学的直接体验者,因此理应成为其评价的主要参与者。通过学生对教师历史教学的评价,可以反映教师在学生心中的地位、威信及受欢迎程度,尤其可以反映出教师的教学态度、教学方法、教学内容、教学进度等是否符合学生的身心发展水平。

学生评价教师历史教学需要开发出具体实在、切实可行的评价工具,这既是重点又是难点,目前有研究者提出"供学生评价用的基本指标",其内容包括以下几方面。

第六章　客观评价：历史教学评价研究

第一，教师提问富有启发性，激励学生思维方面。

第二，教学思路方面。

第三，用普通话教学和授课语言表述方面。

第四，授课通俗易懂和重点突出方面。

第五，授课时的答疑和质疑方面。

第六，作业量合适和认真批改方面。

第七，学生听懂和掌握的程度。

第八，学生对与课程内容相关问题探究欲望的程度。

第九，学生评价教师教学还可以通过调查问卷或座谈会的具体途径来实现。

上述学生评价教师教学的理念和途径完全可以运用到历史学科领域，学生在教师历史教学评价体系中占据着非常重要的地位和作用，评价必须充分考虑到学生的因素。

（二）同行评价

一般来说，同行评价比较切合实际，这是因为同行评价既是相互评价的过程，又是相互学习的过程。从理论上说，在各种评价信息源中，同行评价的信度和效度较高。这是因为同行较为熟悉本行情况、工作和发展方向，评价失真度小。同行评价是一种形成性评价，它建立在经常性的听课、课堂观察和分析反馈的基础上，对教师是长期的关注和监督，对教师的评价是动态的、客观的，增强了有效性和权威性。同行评价在教师历史教学质量评价的运用中要注意以下几点。

第一，评价者绝对不能凭感情办事，应尽量保证评价的公正性。

第二，评价者最好有一定的教学经验，并且熟悉历史学、教育学、心理学、教育心理学等相关学科知识，如果还能掌握良好的评价学知识和评价技术则更为理想。

第三，评价要在长期的听课或观摩实践基础上进行，要确保评价教师历史教学呈现动态、发展的特征。

（三）教师自评

学校重视教师对自我历史教学质量的评价意味着对教师的尊重和信任，这有助于增强教师的主人翁意识及鼓励教师积极参与评价过程，提高教师评价结果的可信性和有效性，使教师历史教学评价的过程成为一个连续的自我改造、自我教育的过程。教师历史教学自我评价可以通过三个途径来实施。

1. 根据别人对自己的评价来评价自己

自我评价大多数都是以别人对自己的评价作为参考系的。处在一定社会关系中的群体和个体,总是在他人对自己的评价中,看到自己的形象,这种形象便构成了自我评价的基础。

2. 通过与他人的对比来评价自己

自我评价并不是孤立进行的,还需通过与自己地位、条件相类似的个体与群体进行比较而获得。例如,假设我们把教师历史教学质量分为优秀、一般和较差三个等级,一个教师的历史教学质量比较高,但在学校历史教研组内,大多数人在这方面的水平或质量比他更高的话,那么,他就有可能把自己的历史教学评价为一般;而如果在另一所学校的历史教研组,一个教师的历史教学质量一般,但他周围人的历史教学水平或质量都比他差,那么,他就很可能将自己的教学质量定为一般甚至优秀。

3. 通过自我分析来实现自我评价

这里要先介绍两个概念：外在价值尺度和内在价值尺度。前者主要是指为社会各界大多数人所认可的价值标准,后者主要指自身的发展目标和愿望等。自我分析就是把自身的行为及结果用这些外在的、内在的价值尺度进行比较的过程,在这一比较的基础上,就形成了人们的自我判断,得到自我评价的结果。自我分析还包括教师对自己的历史教学进行积极的反思,它是实现自我评价不可缺少的一环。

(四)领导评价

领导评价是指领导集体对被评教师所进行的评价。这种评价影响较大,有一定的权威性。主要由学校领导、历史教研组组长、年级组长等通过听课,检查学生的作业和教师的教案,召开师生座谈会等形式了解教师的历史教学质量,做出评价。

二、教师历史教学质量评价的方法

教师历史教学质量评价必须采用科学的评价方法,目前常见的方法有以下几种。

(一)调查法

调查法是对评价对象有计划地获取有关评价资料的一种常用方法。

第六章 客观评价：历史教学评价研究

调查可分为全面调查和非全面调查两种类型，同时，调查所面对的对象可以是学校、家庭或社会上的人群，主要是学生和教师同行。在实际操作中，调查的方法又可分为以下几种。

1. 谈话法

谈话法是一种通过评价者和被评价者交谈的方式获取评价资料的方法。这种方法适用于对教师教学态度、教学设想、教学安排和有关教学问题的认识情况的了解。

2. 问卷法

问卷法是调查者根据评价指标的要求，提出一系列的问题，设计一套问卷，要求被调查者在正常状态下答卷，用以获取评价资料的一种方法。问卷设计要注意处理好信度和效度的问题。

3. 自我汇报法

自我汇报法是评价者采用听取教学参与者的口头报告或阅览他们所写的书面汇报，以获取评价资料的方法。

（二）观察法

观察法是学校领导、年级组长等根据历史教学评价指标的要求，有计划、有目的地直接对历史教师进行观察，从而获取相关的评价信息的方法。观察法可以分为自然观察法和选择观察法两种。

1. 自然观察法

自然观察法是一种不加任何控制的自然状态下的观察，如对历史教师平时的备课、上课辅导、作业批改和教学态度等进行不通知本人的观察，这种观察容易发现被评价者内心的真实状况，但不易把握重点。

2. 选择观察法

选择观察法指在某一时间或特定场合对评价对象有目的地进行观测，如对历史教师在上课前几分钟的准备进行观察。

（三）查阅文献资料法

查阅文献资料法是根据评价目标和评价指标的要求，通过查阅有关文字资料获取评价资料的方法。教师历史教学中有许多文献资料，这些资料反映了历史教师的教学改革和教学研究成果，尤其是通过教学反思能够发现教师的内心体验,促进教师的发展。

三、教师历史教学质量评价的标准

(一)历史课堂教学评价标准

教师历史教学的一个主要方面是历史课堂教学。但不同的教学背景和学生有很大差异,因此,教师历史教学质量评价必须适应多种评价背景,要考虑到年级、教学风格、学生特点、地域文化等。应根据教师、学生、教学目标、教学环境的特点,通过评价突出显示其标准的多重性和差异性。评价标准是据以测定、评量教学工作质量水平的标尺。在评价方案中,一般以明晰、具体的规定性语言描述出各项指标的理想水平和预期水平,然后按照距离标准的差异程度划分出若干等级。教师历史教学质量评价标准通常包括绝对标准和相对标准两种。

1. 绝对标准

评价教师历史教学质量过程宜采用绝对标准,即以国家的教育方针、政策,教育教学的权威指导文件,教育科学的基本理论原则,长期教学实践中形成的规范化模型作为依据来进行描述。教学过程反映出的是教师的主观努力和能动行为,这方面的预期水平和理想标准不应降低要求。

2. 相对标准

评价教师历史教学质量成绩则宜于采用相对标准。具体的做法是:结合本校或同类学校的实际情况,以本校或同类学校已经达到的或可能达到的最优水平作为理想水平,设置首级标准。也可以以本校或同类学校的平均成绩为基准来分等,超过该水平的为优(首级),末级的为差。评价教师历史教学成绩采用相对标准的依据包括以下几方面。

第一,事实上没有也不可能有绝对的标准,即绝对标准是无法描述的。

第二,各地、各校由于经济、文化背景的差异和办学条件的不同,难以提出一个大家必须达到的标准。

第三,采用相对标准,教师眼前有具体可比的标准和实践证明努力可以达到的目标,既有利于肯定成绩,也有利于找出差距,这就有利于调动教师的工作积极性,发挥评价的激励功能。

(二)历史教师教育科研评价标准

1. 教师参与教研活动的情况

教研活动是历史教学中较常用的一种教师间进行交流的方式。历史教研活动的形式有很多,主要有集体备课、听课、说课、评课、经验交流和教学实验等,条件较好的学校还可以邀请外校优秀教师、专家来本校讲课、讲学,放映优秀的教学录像等。教师参与这些教研活动是否自愿,积极,有没有认真地记录和深刻地反思及问题意识和交流对话的情况将是评价的主要标准。

2. 教师的实际科研成果

实际的科研成果不是评价的唯一标准,但属于一项重要内容。教育科研成果是教师对平时历史教学中相关问题的理性思考,如对历史教学设计、学生学业评价、教材内容的认识和分析。教师通过科学研究可以对自己在历史教学的某一个或某几个方面进行较系统的知识梳理,如教学方法、史学理论修养、现代教育技术等,从而加快教学成长的步伐。实际的研究成果也能够给教师带来一定的成就感和较大的精神享受。

3. 教师对教育教学活动的反思

历史教师对教育教学中的问题进行的反思和对话,虽然没有形成正式的科研成果,但这些思想火花同样是历史教师对历史教育的较理性的认识,同样应该是评价的主要标准。

第四节 学生历史学习评价

一、学生历史学习评价的类型

根据不同的标准,可以将学生历史学习评价分为多种类型,下面仅选取目前在实践中比较普遍的几种历史学习评价类型进行简单的分析。

(一)档案袋评价

档案袋评价又称为"卷宗评价""案卷评价""成长记录袋"等,就是学生的作品集,学生每个人都有一个属于自己的资料夹,有目的地收集自己在某个(些)领域的作品,传达出学生的努力、进步和成绩。档案袋评价的过程一般包括四个阶段。

1. 资料准备阶段

资料准备阶段是档案袋评价实施的前提,资料准备可以包括学生动员工作、档案袋数量、档案袋评价的整体实施方案等。资料准备阶段的充分与否将会直接影响档案袋评价后面几个阶段的展开和效果。

2. 小组划分阶段

档案袋评价一般以小组为单位,当然,除了以小组为单位的档案袋外,学生个人也有只属于自己的档案袋,需要完全靠自己去建设的档案袋。这一阶段的工作包括:教师帮助班集体确定小组的数量、大小,小组成员确定自己小组及档案袋的名称,小组成员对档案袋的封面进行设计,小组档案袋内容建设的初步分工等。

3. 档案袋内容收集阶段

小组和个人的档案袋内容不能完全一样,其侧重点应该有所区别,前者适合收集难度较大、需分工合作的作品,后者则可以收集个性化鲜明的作品。内容的收集需根据具体的教学情况而定。

4. 档案袋的展示及评价阶段

档案袋的展示可以使小组、学生个人的作品在其他小组和个人间进行交流,有利于学生比较学习,展示的时间可以分为定期和不定期两种,地点一般在班集体内部为宜。档案袋包括教师的评价、学生自评、同学评价等。评价一是在档案袋建设的过程中进行,一是在其完成后进行,评价的原则主要是以激励性为主,通过评价来促进学生进一步发展。档案袋评价的标准及方式需要根据具体的情况而定。

(二)表现性评价

表现性评价具有如下一些特点。

第一,评价以学生为中心。

第二,评价表现需要透过实际操作。

第三,评价着重学生高层次思考能力的运用。

历史学习中表现性评价运用得比较多,比如历史小论文的写作,历史小话剧的表演,历史实物、地图的制作等。

第六章 客观评价：历史教学评价研究

(三)总结性评价

总结性评价指对学生学习活动的效果进行的评价,它侧重于对学生学习活动的成果做出评定,并将评定结果反馈给学生,一般在课程或一个教学阶段结束后进行。总结性评价主要考查学生对本课程知识的掌握、运用情况及分析问题的水平,能较好地测验学生认知能力的变化和发展。总结性评价一般采用书面考核的形式,学生通过完成一定量的试题来实现知识、能力的考核。教师需要对学生做题的情况进行认真的总结性分析,总结大多数学生在某个知识点、知识面上的掌握情况,对难点问题要从多个角度进行分析,这样才能达到总结性评价的目的。

二、学生历史学习评价的程序

学生历史学习评价的程序一般包括三个层次,即评价的准备、评价的实施、评价的总结(图 6-2)。

```
┌─────────────┐
│  评价的准备  │
└──────┬──────┘
       ↓
┌─────────────┐
│  评价的实施  │
└──────┬──────┘
       ↓
┌─────────────┐
│  评价的总结  │
└─────────────┘
```

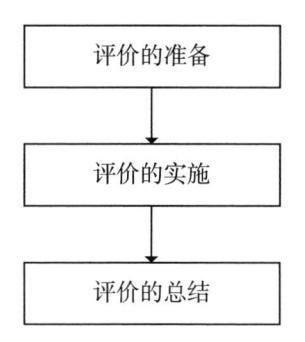

图 6-2 学生历史学习评价的程序

(一)评价的准备

第一,确定学生学习评价的总体目标,预测各种可能出现的非预期的负效应。历史课程学习评价的总体目标首先应该从"知识与能力、过程与方法、情感态度与价值观"三维目标着手,然后再根据历史学科的实际情况来制订学习评价指标体系。

第二,把学生学习评价的总体目标转化为具体的作业目标,设计不同的学习内容和评价量表。

第三,设计获得学习评价信息反馈的途径。

第四,准备各种学习评价所需资料,如在档案袋评价中需要的两种档

· 179 ·

案袋,制订学习评价量表等。

(二)评价的实施

学习评价实施阶段就是指实际进行评价活动的阶段,它是整个学习评价程序的中心环节,也是评价组织管理工作的重点。在学习评价实施过程中,需要根据学习评价方案的要求对学生开展全面的调查研究,以便收集客观的、真实的、完整的信息、资料、数据。收集学习评价信息是进行评价的客观依据,是做出科学结论的必要条件,对学生学习评价的有关信息占有得越多,越能使评价进行得准确无误。否则,学习评价就会陷于主观片面性、随意性,甚至无法进行。收集评价信息应注意以下几点。

第一,要注意评价信息的全面性,即评价信息要全面反映学生学习的全貌和全过程,不能有某一个环节或某一方面的遗漏。

第二,要保证评价信息的准确性。在收集评价信息时,应该根据学习评价指标体系中的指标,收集那些最准确、最能反映学习活动实际的信息。

第三,要开辟多种途径,取得足够的信息量。反映学生学习活动的信息必须有足够的量,从而在其基础上对信息的质量做出准确客观的价值判断。

学习评价信息收集完成后需要对信息进行整理。信息的整理,主要是指将收集到的全部学习评价信息反复加以核实,对评价信息的全面性、准确性、适应性以及收集评价信息的可靠性认真进行检查、分析和整理,以便为评价所用。

(三)评价的总结

评价的总结一般有两种类型。

第一种,在学生学习的过程中进行的评价总结,这主要是基于形成性评价、档案袋评价等学习评价类型的特点而定的。这种总结可以及时了解动态过程每一环节的学生学习效果,以便及时调控教学计划、修改过高或过低的标准。

第二种,当课程结束时,对学生实施量性的、质性的评价后进行的总结。这样的总结应该是对学生在学习中所体现出来的学习状态的全面分析和记录。这样的总结可以全面了解学生的学业情况及存在的问题,也可以对照学业评价指标和评价标准判断评价目标达到的程度及与理想目标的差距。

三、学生历史学习评价的方法

学习评价方法是指在学习过程中确定评价指标权重和收集、整理、分析与解释评价资料的办法和手段。进行学习评价必须要有一套科学的、适宜的评价方法,才能保证学习评价的顺利进行和取得良好的评价效果。一般来说,学习评价方法包括:确定评价指标权重的方法,学习评价信息的收集、整理方法,学习评价的分析方法。

(一)确定评价指标权重的方法

权重(权数)是指指标体系中各指标在完成、实现整体目标中的贡献程度。确定权重的方法主要有专家意见平均法、层次分析法等。

(二)学习评价信息的收集、整理方法

学习评价信息的收集、整理方法包括测验法、问卷法、观察法、访谈法及个案研究法。测验法是通过编制一定的试题或设置某种情景向测验对象获取资料的方法。问卷法是评价者根据评价指标的要求,提出一些问题,制作题目和表格,以问卷的形式进行调查。问卷本身需要反复修改,以保证一定的信度和效度。观察法、访谈法也是教师用得比较普遍、比较常见的两种方法,在此不再赘述。个案研究法是指选定一个有代表性的教育团体、机构(或个人)为研究对象,以其变化发展的过程为研究内容,收集有关这个研究对象的一切资料,进行全面、深入、细致的分析研究,探索产生某种特殊状况的原因,揭示其发展变化规律的方法。个案选取有一些需要注意的原则,主要包括以下几方面。

第一,根据研究目的确定研究对象的原则,以促进全体或大多数学生各方面的发展。

第二,选取的个案必须具有代表性的原则。选取的个案首先要能够代表大多数学生在学业过程中的情况和特点,否则最后的结果只能说明个案本身的情况,违背了个案调查的初衷。

第三,根据学生自身的特点选取个案的原则,如具备良好的口头表达能力、利用现代信息技术的能力等。

第四,提供最大信息量的原则。个案在学业评价过程中提供的相关信息越多,调查的可靠性就越高。

(三)学习评价的分析方法

教师可以借助相关计算机软件,采用统计分析法对学生学习评价信息进行分析,也可以自己根据经验分析或者与同行进行交流分析。

第七章　教学之魂：历史教师的专业化研究

教师的专业化是世界教师教育发展的趋势与潮流。教师的专业发展，包括对教师的专业培养和教师以自身专业素质的提高与完善为标志的专业成长过程。这一过程，对于立志终身从事历史教学的教师而言，是一个不断学习、持续发展的艰辛历程。

第一节　历史教师的专业素养研究

教师在历史教学过程中始终处于重要的地位。一名合格的历史教师，不仅要有高尚的职业道德，还需要具备多方面的素养。与其他学科的教师相比较，历史教师所要具备的教师素养，既有一般性，又有特殊性，应是二者的有机结合。历史教师的基本素养主要包括以下几方面。

一、历史教师的思想道德素质

历史课程是一门思想性、教育性很强的文化基础课，历史教师是学生的领路人，实际上肩负着建设社会主义精神文明、塑造学生灵魂的崇高职责。这就要求历史教师必须要做到以下几方面。

（一）要有坚定、正确的政治方向

这是历史学科的基本任务所决定的。历史教师应自觉地认识到历史教学在教育和教学中的重要地位以及与社会主义物质文明和精神文明建设的关系，因而产生自豪感、荣誉感，无论何时何地、何种情况下，都能主动、自主、自觉、尽职尽责，旗帜鲜明地树理想，讲信念，坚持正确的世界观、人生观、价值观，用高尚的人生追求影响教育青少年，坚持全面发展、教书育人的方向。在任何一所学校，教师不仅是学生知识的传授者，同时也是学生思想品质的塑造者，也就是说，其职责是既教书又育人。历史教师要善于挖掘历史教育内容中的德育资源,结合学科特点和学生特征,因时制宜地对学生进行教育引导,以培养出健康成长的一代新人。

(二)要有爱岗敬业的精神和良好的职业道德

爱岗敬业就是对自己的事业,对自己的工作极端负责,力求上进,刻苦钻研,不计较个人得失。教师的职业道德主要有责任心、事业心、热爱教育、热爱学生、教书育人、为人师表等。教师只有在自己的一切行为举止中以身作则,才能说服学生。所以,教师只有不断提高自身的职业道德和智能素养才能做好教育工作。教师对教育事业的热爱,是搞好教育工作的前提,也是作为一个人民教师最基本的条件。

(三)要有良好的史德、高尚的情感

史德是史学工作者的良心,客观公正地评价历史,说真话,讲真史,是我国历史学家的优良传统。历史教师要坚持史学的科学性,坚持实事求是,把历史的本来面目揭示给学生。历史教师还要具有丰富、高尚的情感,历史教学要以感情为基础,教师要爱憎分明,感情真挚,这样才能与学生产生共鸣,使学生受到教益。历史教师以本身高尚的情感和良好的史德为示范,于潜移默化中陶冶学生,培养学生热爱祖国、热爱社会主义、热爱中华民族的情感,以及由此升华的自豪感、责任感和人生理想;培养学生积极进取的人生态度和健全人格,求真、求实的科学精神和态度;培养学生开阔的国际视野和开放意识。

二、历史教师的知识结构

现代社会对历史教师所具备的知识结构的要求很高,主要体现在以下几个方面。

(一)历史教师要大量阅读历史学科专业书籍和教育教学方面的书籍

1. 阅读史学和专业研究期刊,丰富和更新基础性知识

作为一名历史教师,丰厚、扎实的学科专业知识是取得教学成绩的一个重要因素。新课程体系下,更需要历史教师在历史学科知识方面做出调整,拓宽基础知识。历史教师除了阅读一些经典专著之外,还可以定期阅读诸如《历史研究》《中国史研究》《中国史研究动态》等史学类期刊,关注史学研究的最新进展,提高对教学的理论认知水平。

第七章 教学之魂：历史教师的专业化研究

2. 阅读教育学、心理学、学科教学论方面的书籍

历史教师不仅要懂得"教什么"，更需懂得"怎么教""为什么而教"，这就要求历史教师掌握教育学的基本理论，如教育的目的、教育的原则、教学的过程、教学的方法等一系列重要教育理论与教育实践问题，使自己在历史教学的实践中能够自觉地运用教育规律，根据教学内容、学生实际，选择切实而有效的教学方法和手段，以达到教学的最佳效果。另外，历史教师还必须对心理学和学科教学论知识有所涉猎。历史教师要组织好课堂教学活动，一定要对学生的心理活动有所了解，懂得学生的个性差异及其特点。这就要求历史教师具备一定的心理学知识，从而减少教学工作中的盲目性，提高教学效果和工作效益。历史学科教学论是以历史教学全过程为研究对象的教育科学，是以教学原理为指导，根据历史学科特点和学生年龄特征研究中学历史一般规律的科学。一些历史教师错误地认为，熟悉历史教材就是一切，而忽视历史教学方法的研究，因而在备课时只片面注意挖掘教材的深度、难度。深入钻研教材固然应当，但如果不讲究对教学方式、途径、技艺的研究，没有合乎教学规律的科学教学方法，再好的教学内容也不能变成学生的知识财富，更谈不上提高学生的能力。

3. 阅读哲学、地理、生物等其他学科领域的书籍

历史作为一门综合程度极强的学科，同政治、经济、文化、军事、生物等学科保持着紧密相连的关系。因此，历史教师要广泛涉猎各方面、各领域的知识，形成厚积薄发的文化底蕴，实现在师生交流、讨论、合作的过程中随机应变，答问如流。历史教师还要懂得一些自然科学知识和掌握现代电教手段，以便更好地传播知识。中外历史教科书上都涉及科技知识。如医学方面的有《本草纲目》《伤寒杂病论》、人体解剖学、现代医学知识等，这就要求我们去阅读一些科普读物和科技史著作，当然也可通过一些科普电视片、电影去了解一些科技知识。只有这样，历史教师在讲授科技成就时才不会觉得无话可说。历史教师平时还要注意学习和掌握多媒体电教手段，运用这一优势，高效率、高质量地完成教学任务，促进素质教育的发展。当然，历史教师要学习、积累的知识还有很多，如书画艺术、京剧艺术、电影电视艺术、宗教、体育等，它们都能反映某一历史时期某一方面的历史风貌和历史背景，但对这些知识必须有所取舍。

（二）历史教师要加强史学理论知识的学习和积累

史学理论可以说是衡量历史教师专业素质的重要标志，它对于历史教师所拥有的"史识"而言，是非常重要的。在很大程度上，史学理论水平决定了历史教师对历史的理解能力和科研能力。历史教师应从以下方面来加强史学理论知识的学习和积累。

第一，历史教师要着眼于历史的本体论、认识论和方法论，较为全面地掌握史学理论的基本知识，熟悉马克思主义哲学、政治经济学和科学社会主义的有关原理，把握好生产力和生产关系、上层建筑和经济基础、主要矛盾和次要矛盾、现象和本质、量变和质变等各种矛盾的辩证关系以及正确的人民观、英雄观、发展观、宗教观、民族观等历史唯物主义的基本观点，从而更好地掌握历史人物评价、历史事件分析、历史运动规律解析等问题的方法。

第二，历史教师要关注史学研究的最新进展，提高教学的理论认知水平。新课程背景下，历史教师只有关注史学研究的最新进展，具备汲取新知识的能力和海纳百川般的气度，才能容纳学生各种创新思想的萌芽，才能教会学生如何学习。在师生互动的过程中，教师培养了学生，学生也培养了教师，师生共同成长，这才是真正意义上的教学相长。

第三，历史教师要定期阅读《历史研究》《历史档案》《世界历史》《中国史研究信息》《世界史研究信息》等史学理论研究刊物，以便了解最新的史学研究动态和成果，积累更多的史学理论知识。

三、历史教师的能力素质

（一）运用语言的能力

语言是人类发展到一定阶段的产物。语言产生之后，即对人类社会的发展产生了不可替代的作用。对历史教师语言素养、运用语言技能水平的要求非常高，这是由历史教学内容本身的特点所决定的。作为教学内容的历史，具有"一度性"，即一去不返的特点。因此，历史教学不能像自然科学课程教学那样，可以通过实验的方法使某一现象相当准确地再现出来，而是需要历史教师充分地运用语言工具与学生实现交流，以便在交流的过程中实现历史知识的传递。这就要求历史教师的语言具有以下特点。

第七章 教学之魂:历史教师的专业化研究

1.历史教师的语言要具有历史感

由于历史是过去时代里发生的事情,一切历史都离不开特定的时间和空间,因而就具有明显的时代特征。历史教师在教学中,必须恰当地使用符合当时人们生活特点、能准确"再现"当时情境的语言表述,以给学生提供一个可能相对准确的"感受"历史和"复原"历史的重要前提和条件。

2.历史教师的语言要生动、形象

由于历史具有"一度性"的特点,学生所要学习的历史的绝大部分都是已过去了的事情,要想让他们真正认识过去人们的活动,就必须先让他们进入一个历史的情境。要"复活"历史有许多手段和方法,但是就基础教育历史课程的实施而言,因为目的、内容、条件等诸多因素的制约,许多手段和方法在教学中不能充分运用,而语言的运用所受制约相对最少。在历史课堂上,历史教师在讲授一个具体的历史内容时,可以充分运用生动、形象的历史语言,帮助学生"再现"历史的风貌。

3.历史教师的语言要富有感染力

历史教师在教学中,不仅只是为了让学生了解、记忆一些人类生活记录和总结中的片段,更重要的是通过对人类各个时期主要生活记录和总结的学习,使学生感受人类的祖先在曲折、艰辛的生活过程中,所经历的无数心灵上的锻炼和升华,从而自觉接受并完成"历史"的熏陶。因此,历史教师在讲授时,运用的语言是否能够感染学生十分重要。具有历史感染力的语言,应该富有感情,爱憎分明,能够打动学生的心灵、调动学生的情绪。

(二)具有较强的文字表达能力

历史教师的文字表达能力,确切地说,应为教学研究能力,以探索历史教学规律、总结教学经验、丰富教学理论、提高教学质量为目的。在强调教师专业发展的今天,只要有心,在搞好历史新课程教学的同时,挤出一定的时间,对自己在历史教学中发现的问题做一些力所能及的反思、探讨、研究,就能提高自己的知识水平和教学能力,提高自己的研究水平和反思能力,提高自己的理论水平和实践能力。

(三)教学组织能力

教学组织能力是教师为达到教学目标、取得教学成效在教学过程中表现出来的一种操作能力,它是教师业务素质的一个重要组成部分,对于保证教学工作有条理、有系统和实现教学目标有着重要的作用。在教学中,教师组织能力的强弱影响着课堂教学的成功与否,良好的组织能力能把教学的各种因素、环节有机连接起来,从而使学生灵活而生动地学会知识,形成能力。要使教学过程"活"起来,关键在于有效的教学组织。教学组织能力分为教学内容的组织能力、教学活动的组织能力、学习活动的组织能力。心理学的研究表明,当教师的知识水平达到一定的临界值以后,教师教学水平的高低就不单单取决于知识水平。不会是教师的知识水平越高,教学效果就越好,这时对教学效果产生最直接、最显著影响的是教师的教学组织能力,尤其是组织学生学习活动的能力。历史教学是个动态过程,对于历史教师来说,要想达到教学的最优化,需要做到以下几方面。

第一,要合理地安排教学内容。长期以来,按教材授课已成为历史教师的教学惯例。但是这样的教材知识的组织形式是否便于学生对知识的吸收、理解和运用?课本知识如何区分主次?是不是所有知识都是学生必须掌握的学科核心知识?对这些问题的思考和处理实际上反映了一个历史教师对教学内容的组织能力。

第二,就具体的课堂教学而言,教学活动的组织包括两个方面的内容:一是教学活动的设计,二是教学活动的操作。它要求历史教师具备在一定的教学时间里,从大量的教学法中选择对于教学内容和这些学生最适宜的教学方法灵活运用,提高教学的艺术性,从而引导学生在生动活泼的氛围中学习的能力。

第三,历史课程改革一个重要特征就是转变学习方式,引导学生从"学会"向"会学"转变。这要求历史教师要在了解学生历史学习心理活动特征的基础上,重视对学生历史学习活动的组织和管理。教师要从知识的传递者转变成学生学习活动的组织者、参与者和指导者。因此,组织学生学习活动的能力应该成为每一个历史教师教学组织能力的重要组成部分。

(四)熟练处理和运用现代信息技术的能力

运用现代信息技术的能力,是一个多元、开放、知识急剧增长的时代对历史教师的必然要求,它是实现教师将现代信息技术运用到学习与探究历史的过程中去的课程目标的重要途径。现代社会,科学技术迅速发展,教育面临着迎接信息化社会的挑战,需要不断满足人们对知识更新的需求。作为一名历史教师,必须适应这种趋势,具有熟练处理和运用现代

第七章 教学之魂：历史教师的专业化研究

信息技术的能力,这种能力主要是指技术层面上的信息处理能力,包括历史教师对信息源及信息工具的了解及运用,还包括对需求的了解及确认;对所需文献或信息的确定、信息检索;对检索到的信息进行评估、组织和处理并做出决策,等等。在新课程历史教学实践中表现为:历史教师要会利用一些软件,如 PowerPoint、Photoshop 等制作教学课件,要熟悉与历史教学有关的教育教学网站和历史教学博客群,能够迅速地搜索、查阅网上的信息,并进行有效的整合,为历史新课程教学服务。

(五)综合运用教学手段、方法的能力

在教学中,要真正落实历史课程目标的要求,历史教师必须具备很强的综合运用教学手段和方法的能力。只有具备了这样的能力,才能在教学过程中真正引领学生学习、感悟历史。历史教师综合运用教学手段和方法的能力主要包括以下方面。

1. 合理运用各种教学手段和方法帮助学生提高建构历史情境的能力

在学生的历史学习过程中,学生获取了必需的历史材料以后,就需要依据材料,合理建构"真实"的历史情境。由于历史的"一度性"特点和历史材料局限性的制约,建构历史情境是一个非常复杂、难度极高的过程,单凭学生是无法实现的,这一过程从始至终需要教师的参与和必要的引领。因此,历史教师必须具备综合运用各种教学手段和方法帮助学生建构历史情境的能力。

2. 恰当运用各种教学手段和方法帮助学生提高多途径获得历史材料的能力

在历史学习中,针对具体的学习问题,学生能否获取充分的相关材料十分重要。由历史的特点所决定,历史材料的来源和途径以及材料本身的价值有着明显的不同。这些历史材料虽然内容丰富,但是其来源和途径各异,并且无一例外都具有明显的局限。在教学中,就需要教师恰当地综合运用各种手段和方法,帮助学生获取相对可靠、充实的材料。因此,历史教师必须熟知各种教学手段和方法的性能和作用,并且在帮助学生获取材料的过程中运用自如。

3. 科学运用各种教学手段和方法帮助学生提高自主展开历史思维的能力

在历史学习过程中,形成科学的历史认识是历史学习目标的高层次要求,而科学历史认识的形成需要以科学的历史思维为前提条件。在历史学习过程中,学生能否对一个个历史问题真正自主展开思维是关键所在。一个优秀历史教师的教学工作,不仅仅在于他能给予学生很多的"历史知识",而且在于他在给予学生真正的历史知识过程中,能够充分调动学生的历史思维,从而使学生在自主学习的过程中形成真正的历史认识。要做到这一点,教师必须具有根据教学的进展情况和学生学习的状况科学运用各种教学手段和方法的能力。

(六)史学研究能力

1. 历史教师史学研究能力的养成

历史教师史学研究能力的养成必须具备以下三个条件。

(1)扎实的历史学专业理论

扎实的历史学专业理论是历史教师进行史学研究的基础,没有扎实的史学理论做支撑,史学研究也就无从谈起。因此,历史教师应结合教师专业发展的需要,系统学习历史学专业知识和史学理论知识,这对历史教师的专业发展和从事史学研究工作大有益处。

(2)丰富的历史教学实践经验

历史教师从事史学研究的条件之一是知识,其中不仅有史学理论知识,而且还涉及教学实践知识。在很大程度上,历史教师的教学实践经验是搞好史学研究的基石。这是因为,中小学历史教师的史学研究主要是指历史教师结合新课程历史教学实践的需要或个人条件,对新课标历史教科书或历史研究中的某个具体问题或新课标历史教科书中所使用的图表不甚清楚或有误之处须重新查阅原始资料,进行考证、辨伪、分析、综合,进行新的叙述,得出新的结论,以丰富和发展历史研究成果,也会完善和提高新课标历史教科书的质量。同时,历史教师也可以根据自己的研究兴趣和占有的资料,对一些新课标历史教材将要涉及或已涉及但叙述不详、历史学家也没有顾及的具体历史问题或历史发展线索、社会变革规律、历史学理论、历史研究方法、历史研究指导思想等进行深入细致的研究,把自己的认识、思想、观点、方法经科学的分析概括,介绍给历史学界同仁。

(3)可持续发展的学习动力

可持续发展的学习动力是历史教师史学研究能力发展的基石。在历史新课程改革中,社会各界总是期望历史教师在新课程教学实施中取得实效,然而,与这种期望不相协调的是,历史教师在历史新课程实施中经常表现出从观念到行为上的矛盾状态:一方面,历史教师对新课程改革

第七章 教学之魂：历史教师的专业化研究

充满期待,在历史课程实施中积极求变；另一方面,历史教师似乎又对新课程改革心存畏惧,在历史课程实施中持观望态度。历史教师遭遇的这种困境主要源自历史新课程地位与现实社会对历史新课程地位认识的不同步。在这种困境下,部分历史教师只把教书当成一种职业,一种维持生存、生计的手段,不思进取,教学随大流,研究无动力,没有心思进行史学研究。新课程背景下,教师职业要成为一种专业,这就要求历史教师必须走出困境,具备可持续发展的学习动力：一方面,重新构建与新课程相适应的专业知识结构；另一方面,在历史新课程教学实践中进一步养成史学研究能力。

2.历史教师史学研究选题的确定

历史教师的史学研究选题,可以是对历史教材中某些问题的进一步补充和深化,也可以是对历史教材中某些观点或结论的质疑或修正。总之,历史教师的史学研究课题应尽可能选择历史教材涉及的、课堂教学中要讲述的具体历史问题来进行。这样一来,历史教师的史学研究体会和成果就可以充实和丰富教学内容。但是,在新课程历史教学中采用这些成果时,需要注意两种情况：与教材观点基本一致,属补充、深化教材观点的成果,可讲得大胆一些；与教材观点不同,甚至相反的成果,讲述或介绍要慎重一点。

第二节 教学反思与历史教师专业化

一、教学反思的含义

教学反思就是教师在教学实践过程中发现问题、思考问题、解决问题的一种行为,是教师对教学行为和教学活动进行批判的、有意识的分析与再认知的过程。

二、教学反思的特征

教学反思具有显著特征,概括来说主要包括以下几方面。

（一）具有较强的教学研究色彩

这种研究与纯理论的教育学研究不同,它是针对教师自身教学过程中各种情境性、具体性、个别性的问题展开的研究。它的研究成果可以表现为研究过程的体验、教学实际问题的解决、个人实践知识的增长等。就研究文本的形态来说,它着重于分析具体案例,讲述自己的教学故事,记录反思与经验等,也与专家学者的论文、研究报告有所不同。

（二）追求教学实践的合理性

追求教学实践的合理性是指反思不是一般地回顾教学情况,而是在教学中不断发现问题,并针对这些问题不断调整教学方案,使教学向更合理的方向发展。

（三）贯穿于教学活动的各个环节和层面

它既有对教学内容的反思,也有对教学方式、方法的反思；既有对常规课的反思,也有对研究性学习活动的反思；既有通过观摩同行的教学而进行的反思,也有借学生的质疑来反思自己的教学行为。可以说,教学反思贯穿于教学活动的各个环节和层面。

三、教学反思的基本策略

在一定的教学理论和学科专业知识基础上,教师主要应以课堂教学为中心进行探索,进行教学反思。具体来说,教学反思的基本策略包括以下几方面。

（一）案例研究

案例研究就是把教学过程中发生的这样或那样的事件用案例的形式表现出来,并对此进行分析、探讨。案例研究的素材主要来自三个方面。

第一,研究自己的课堂,并从自己大量的教学实践中积累一定的案例。

第二,观察别人的课堂,从中捕捉案例。

第三,平时注意搜集书面材料中的案例。

（二）观课

观课作为一种教育研究范式,是一个涉及课堂全方位的、内涵较丰富的活动。特别是同事互助观课,不含有考核或权威指导成分,自由度较大,通过相互观察、切磋和批判性对话有助于提高教学水平。

观课,教师具有最佳的研究条件,但只有经过详细全面的观察和认真的思考,观课才能达到目的。当然,课后,观课教师应与授课教师及时进行对话与交流,推动教学策略的改进。

(三)课后小结与反思札记

课后小结与反思札记就是把教学过程中的一些感触、思考或困惑及时记录下来,以便重新审视自己的教学行为。过去,人们只重视课前的备课,对课后的小结与反思则较少关注。其实,平时历史教学中需要教师课后小结、反思的地方太多了。

反思札记的撰写实际上是一种教学叙事。教学叙事来自教师的日常生活,从教学叙事中教师可以审视自己走过的足迹,倾听自己的心声,对之加工整理。通过教学叙事进行反思,是教师提高自身教学反思能力的一种途径。

加强教学反思是教师从"教书匠"成长为研究型、学者型教师的有效途径,对于教师的专业发展以及创造性地实施新课程具有重要的现实意义。

四、教学反思对教师专业发展的作用

教学反思对教师专业发展具有重要作用,概括来说主要表现在以下两方面。

(一)推动教学研究的深入

教学反思中的"反思",从本质上来说,就是教师的一种经常的、贯穿教学始终的对教学活动中各种现象进行检查、分析、反馈、调节,使整个教学活动、教学行为日趋优化的过程,这无疑会促进教师关注自己的教学行为,深入地开展教学研究活动。

(二)有助于实践智慧的生成

实践智慧是指教师对教学合理性的追求,以及对具体教学情境和教学事件的反思。教学的复杂性决定了它不是教师展现知识、演练技艺的场所,而是教师实践智慧的体现过程。实践智慧既不等同于教学经验,因为它是对教学经验的理性认识,也不等同于教学理论,因为它关注的是具体化、情境化的教学实践。

第三节 历史教师专业发展的驱动力

一、历史教师专业发展概述

（一）历史教师专业发展的含义

历史教师专业发展是指历史教师基于历史学科教学背景自身专业化水平、历史教学知识和能力、历史教学理念和历史教师素养等不断提升的过程。

（二）历史教师专业发展的特点

1. 自觉性

教师专业发展应该在教师个体的自觉行为中实施，应该在教师个体的自发需要下开展，是教师基于自身职业进取意识的职业进取行为。

2. 内生性

教师专业发展的逻辑起点在于教师个体需求。

3. 规划性

教师专业发展是在教师个体有意识的、自主的教师职业生涯基本框架下实施的。

4. 可持续性

教师专业发展并不着眼于某一次的受教行为，或者某一次具体的受训课程，而是一个持续不断的、动态的提升过程。

5. 终身性

教师专业发展是一个贯穿教师个体整个职业生涯甚至整个人生的动态过程，是以教师专业提升作为人生旨趣的追求过程，它不以某个阶段性目标作为终点，也不是以功利性的追求作为教师专业发展的方式。

（三）历史教师专业发展的基本阶段

历史教师的专业发展一般以到校任教为界标，分为岗前学习和岗后

第七章 教学之魂：历史教师的专业化研究

发展两个基本阶段。

1. 岗前学习

在我国,教师的岗前学习是在师范院校完成的。但在高等师范院校的师范生培养中,教师实践能力的培养一直是个很大的难题。首先,师范生的教师技能训练缺乏真实学生参与的课堂实践,常规的教学训练是通过微格教学来完成的。但在校内试讲中,教师与学生均是模拟的,很难形成实在的教学情境,一些需要师生互动的教学方法缺乏操作的条件。由此,对师范生的培养主要还靠教育实习。本来,不少师范院校都有附属学校,但这些附校如今都是"升学竞赛"中的名校,盛名之下已不便再充当师范生实习的"试验田"了。实习基地的建设成为师范院校的一项重要任务。另外,虽然师范院校一直重视教育理论的教学,学科专业的理论教学也是多年一贯坚持的重点,但高等师范院校的学究气一直处于强势,这一现象在近年不仅没有减轻,而且有加强的趋势。这一断裂不仅存在于各学科专业的教学中,甚至连教育心理学的教学也难以幸免。对师范生的培养工作,往往集中在少数的学科教学论教师身上,包括组织微格教学、教育见习、教育实习,开展师范技能训练,讲授学科教学论和学科教育学的课。师范院校在教育实习这一重要的环节上,设置的周期不尽相同,最长的为八周,最短的只有两周。教师岗前学习的效果实在不容乐观。

2. 岗后发展

历史教师在岗后发展阶段学习提高的基本途径有三个。

第一,持续的教学实践与不连续的自修相结合。

第二,参加一系列的继续教育学习,以紧跟社会发展、历史学科发展、教育理论发展的步伐。在我国,历史教师的继续教育大都采取一种自上而下的外接式培训方式,一般由师范院校承担。

第三,在职进修教育硕士专业课程。不论哪种提高途径,学习的内容主要包括历史专业知识、相关学科知识、教育教学理论和教学实践研究等。历史教师经过一系列的继续教育学习、在职进修,或经个人的教学研究与实践努力,将会逐步进入创新期,成长为专家型的历史教师。

二、历史教师专业发展的外部驱动力

专业引领机制和考评制度共同构成了历史教师成长的外部驱动力,它们为历史教师的发展铺平了前进的道路,并指明了发展的方向。

(一)专业引领机制

历史教师专业成长需要争取外力的带动,专业引领是其中之一。广大教师应该认识到,专业引领不是专家的单边行为,其中包括在课程实施中一线教师应有的话语权和主体性。此外,历史学科专家与一线教师也不是上位与下位的关系。历史学科专家的理论根基本身就是教学实践,历史教师的实践也应上升到学科理论的层面。理论与实践应形成一种对话互动的关系,专家与一线教师的信息沟通应产生有效的对流并形成共进的机制。以往在专业引领方面,一线教师常常寄望于历史专家、学者,而实际上,专业引领的人员既可以是历史专业研究的人员,也可以是在教学一线成长起来的专家型教师。历史学科的专业研究人员理论功底深厚,视野开阔,信息来源丰富。而专家型教师因实践经验丰富,教学创新成果丰富,在理论联系实际方面具有明显的优势。在课程实施的过程中,全国各个实验区的一线教师中都涌现了大批专家型教师,有的还是在地处乡村的中学成长起来的,他们的专业发展历程及教学研究成果是值得我们借鉴的。

(二)教学考评和专业考评制度

教学考评教师和专业考评制度是值得重视的一项工作。以往,人们看待教学效果的视角主要是学生的考试成绩,但单纯以学生成绩来评估教师的教学,并不能有效地反映教师的教学水平和实际能力。而教学考评能直接观察到教师的教学水平,因此教学考评成为教师专业考评的一个重要组成部分。一堂好课应具有以下五个方面的特点。

1. 意义学习

学生的学习必须有知识、能力、情感和学习促进的意义。

2. 有效教学

不论是教师的教,还是学生的学都应该有所促进。

3. 动态生成

教学并不完全按照预设进行,有师生情感、智慧、思维的投入,有教学互动、资源的生成、过程状态的生成。

4. 常态发挥

教学示范、观摩不应具有表演性,应该具有平实性和研讨性。

第七章　教学之魂：历史教师的专业化研究

5. 有待完善

十全十美的课造假的可能性很大,真实的课往往会有一定的缺憾。

如何科学地评课仍是一个值得继续探讨的话题。此外,参与课程建设、进行教学研究、借助不同途径获得发展等,都应该考虑纳入历史教师考评体系。可见,建立历史教师专业考评制度需要整体考虑不同层次教师的要求,是构建教师专业发展外部驱动力的难点。

需要说明的是,教师发展需要的外部驱动力,不会自然而然地到达教师身边,仍需要历史教师们在课程改革的大潮中,通过参加课程建设、教学研讨、专项调研、总结交流等途径获得。

三、历史教师专业发展的内在动力

历史教师要获得不断的发展,其内在动力是最基本的。这一内在动力主要是教育观念的提升,其基本点是确立"课程意识"和"发展意识",两者共同构成了教师发展观念的核心基础。

（一）课程意识

课程意识是教师应有的专业意识,是教师执行课程标准、落实课程方案的内驱力之一。历史教师应该敏锐地认识到,我们所教的是历史课程而不是其他课程。历史教师的课程意识由主体意识、生成意识和资源意识三个部分构成。

1. 主体意识

在当前的课程改革中,我们应该明确地认识自身课程实施主体的地位。历史课程的具体实施,需要全体一线教师的不懈努力。我们还要看到,历史教师不仅是课程的实施者,也是课程的研究者和开发者。因为历史课程的实施是一个不断对课程进行调适和再开发的创造性过程。为此,教师在教学中应努力探索引导学生学习历史、培养学生能力和提高公民素养的有效方式。历史教师只有确立了主体意识,才会激发出投身课程开发和建设的热情,才更有助于实现教学的发展。

2. 生成意识

课程的实施过程永远都是一个动态的、变化发展的过程,有许多因素是我们事先无法预测的。因此,课程实施过程中的生成意识是非常重要的,生成意识要求教师在完整地把握历史课程目标三个维度的基础上,结合教科书、课程资源和学生实际,对课程目标做精细的分解与系统的设计,时刻关注目标的达成和学生发展的状态,随时把握有教学价值的因素,实施灵动而有效的教学。其中一个基本前提是,教师要在教学过程中有意识地为学生的主动发展留下足够的话语空间。历史课堂教学需要在动态生成中获得新的发展。有生成意识的历史教师才不会在无法预测的情况出现后手足无措,才能在学生的历史学习中随时捕捉一闪而现的因素,经常给历史教学注入活力,从而提高学生的学习参与感和主动性。

3. 资源意识

资源意识是指教师注重开发和合理利用各种课程资源的意识。我们应该看到,学生的发展并不仅仅是通过教科书来实现的,历史教科书仅仅是一种文本性资源,是可以选择、超越、调整的,是可以创造性地利用的,而且应该与学生的生活经验和社会现实做相应的联系。资源意识指导下的历史教师应表现为"用"教材,而不是"教"教材。同时,历史课程的实施需要开发和利用大量的课程资源,从而为实现课程价值和学生发展提供丰富的土壤。

总之,确立课程意识,将有助于教师坚定信念,认清发展方向,及时改正教学中存在的问题,排除发展中遇到的各种干扰,正确对待各种非议和误解,奠定专业发展的基础。

(二)发展意识

历史教师除了确立课程意识外,还应确立发展意识,即需要从整体上用动态的眼光看待课程改革,还需要在自身成长过程中坚定发展信念,同时努力寻求科学发展的途径。

第一,在严峻的挑战面前,历史教师应坚定发展信念,主动把握和争取发展的机会。课程改革开始以来,一大批历史教师获得了长足的进步,其中不少人成长为专家型的名师。事实告诉我们,时代的挑战与个人发展的机遇是并存的,要在挑战面前取胜,既要靠自己的努力,同时也需要外在条件的支持。具体来说,一方面要关注教学实践,大胆进行教学探索,不断学习提高;另一方面要开阔视野,寻求多种交流研讨的途径,争取校内外有效的引导。

第二,作为课程实施的主体,历史教师应该认识到课程是一个动态发展的系统,课程改革的成功会经历多次的反复,但不论如何反复,教育改革的大方向是恒定的。历史课程改革的直接目的在于健全课程机制,提高教学效能,其终极目的是服务于学生的长远发展。也只有在学生获得

第七章 教学之魂：历史教师的专业化研究

发展的过程中，教师自身才可以获得更大的发展。

第三，历史教师在专业成长中，还需要学会学习，善于发展。很多教师之所以成为名师的基本原因，就是勤于思考、敢于实践、精于反思、善于扬长避短。他们的成长之路说明了一个道理，在坚定信念、明确方向的同时，也要寻求适合于自身发展的路径。争取主动就有出路，善于行动就会发展。

第四节 历史教师专业发展的内容与途径

一、历史教师专业发展的内容

历史教师专业发展的内容主要包括以下几方面。

（一）历史教师的专业理念

历史教师的专业理念是指在历史教学过程中，使学生在获得历史基本知识和基本技能的同时，学会学习，学会生存，学会做人。历史教师的专业理念指引着历史教师的专业发展，是历史教师的专业发展之魂。它包括以下几方面内容。

第一，具有以学生的发展为本的观念。
第二，成为学生学习的指引者、促进者和帮助者的意识。
第三，提倡自主学习、合作探究的学习方式的教学观。
第四，具有有效整合教材、教师、学生、学校、图书馆、博物馆等各种课程资源的课程资源观等。

（二）历史教师的专业道德

历史教师的专业道德是指教师对历史教育充满热情，并积极投身于历史教育的事业心。它包括热爱学校、热爱学生、热爱历史教育事业。它是历史教师投身于历史教育的基础和前提条件，是历史教师的专业准则和道德行为规范，是其从事专业活动和行为的动力系统。

（三）历史教师的专业能力

历史教师的专业能力建构是其专业发展的核心内容。历史教师所应具备的专业能力主要包括语言表达能力、教学设计能力、课程能力、教学方法的创新运用能力、教育信息技术的运用能力以及教育教学管理与监控能力等。另外,历史教师专业能力的建构也离不开教学技能的提升与强化,它是历史教师专业能力建构的基础。

(四)历史教师的专业知识

历史教师的专业知识结构主要包括三个方面。

1. 本体性知识

它是指历史教师所具有的历史学科专业知识。

2. 条件性知识

它是指历史教师所具有的教育学、心理学、学科教学论方面的知识。

3. 综合性知识

它是指历史教师应该具有政治、地理、音乐、美术、宗教、文学、天文等方面的相关知识,并能融会贯通,得心应手,满足学生全方位发展的需要。

另外,历史教师还应具备宽阔的学术视野,密切关注历史学研究和考古学研究的新动态、新成果,及时更新自己的知识结构。专业知识是教师专业发展的基石,是教师专业发展的必要条件。

二、历史教师专业发展的途径

教师的发展是多种途径结合的过程。在当前的课程改革中,我国各地陆续涌现的一批适合于历史教师成长的方式,大都体现了对教师发展途径的综合性创新。其中比较典型的有以下几种方式。

(一)历史教师的职业规划

1. 专业发展目标定位

(1)管理型历史教师

这类历史教师是在从事历史学科教学的同时,通过担任班主任,结合历史学科教学的自身经验,研究学生的身心规律,把握学生特点,实现对学生的智慧管理,在现实中更多的是与专业型教师共同成长,相互促进,逐步向更高一级的管理者迈进。

(2)专业型历史教师

专业型历史教师是大多数历史教师的发展规划。它是教师个体以历史学科教学作为主攻对象,以科学有效的历史教学能力为目标,在研究一定的历史教育教学理论的基础上,不断更新教育观念,通过不懈的教育反思和反复的历史课堂教学实践,最终在历史学科教学中实现自己的人生价值。

（3）特色型历史教师

特色型历史教师更注重于教师个体的个性化发展、个人独特能力的展现,从而形成独具特色的教育理念和教学风格。

（4）实践型历史教师

实践型历史教师秉持务实进取的实干精神,通过各种科学有效的贴近教材和考试的教法,做出优异的教学成绩。

（5）研究型历史教师

研究型历史教师侧重于历史学科教学的深入研究,在大量鲜活生动的历史学科教学实践基础上,提炼出具有强大说服力的历史教学理论。

2. 专业发展目标确定的基本程序

专业发展目标确定的基本程序如图7-1所示。

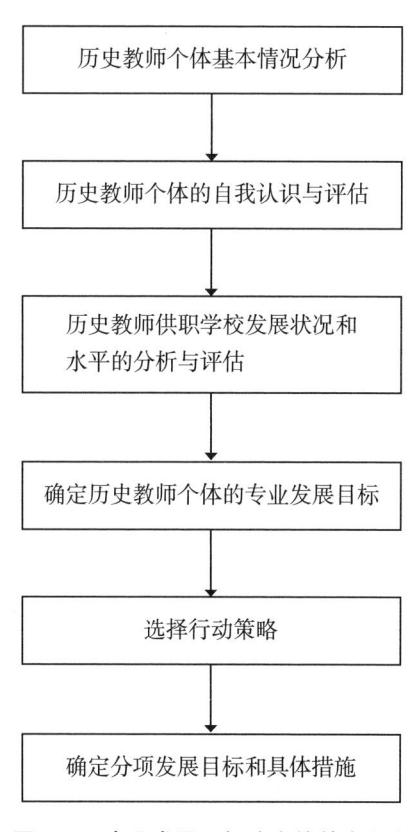

图7-1 专业发展目标确定的基本程序

具体来说,需要教师个体根据其自身的专业情况和就职现状,并结合教师个体发展与学校发展的双重需要,在对教师个体职业发展诸多有利的和不利的影响因素进行分析和评估的基础上,确定教师个体职业发展的阶段性目标和可持续性的最终目标,并依此设计灵活有效的发展行动计划。历史教师的专业发展规划是一个连续不断的、动态性的探索过程。在此过程中,教师应根据各种主客观形势与条件的变化,逐渐形成相对清晰的专业发展目标定位和发展规划,并相应调整行动策略、分项发展目标和具体措施。

(二)历史教师的远程培训

教师远程培训是现代信息技术运用于现代教育培训领域的产物。教师远程培训运用文档、音频和视频等各种现代信息技术手段制作培训课程,通过互联网将培训课程不受距离限制地发送给受训教师,使其便捷地接受培训。远程培训不仅为受训教师解决了遥远距离带来的各种问题,使受训教师能够在一个更加便捷的空间与环境中学习,而且使受训教师可以直接直观地接受高质量的培训资源和优质的培训课程,也解决了传统培训耗时长、交通食宿成本高的问题。同时,远程培训为受训教师彼此间搭建了便利的沟通与交流的机会和平台,也为受训教师的终身学习提供了更大的可能。

(三)历史教师的离职学习

离职学习往往是在某个特定的较短或较长时间内,脱离现有的工作岗位,专心学习历史学科的教学方法、新教材理念、历史课程改革精神、学科最新前沿成果或者历史教育教学理论等。离职学习在形式上不仅包括专项的、短期的、有针对性的专题研修班,也包括历史教育本科、历史教育硕士等各种学历进修的方式。历史教师离职学习要特别注意以下几方面。

第一,通过离职学习更新自己的历史教育教学观念,树立新课程倡导的新型教师观、学生观、课程观、教材观和评价观。

第二,储备新课程必备的专业知识和相关知识,尤其是新课程新增内容,如社会史、文化史和经济史等方面的内容。

第三,注重新课程教学评价的学习与研究,力争形成科学、有效的历史教学活动评价体系和评价方法。

第四,学习新的行之有效的历史学科教学方法,并积极运用于新课程的历史教学中。

第七章 教学之魂：历史教师的专业化研究

(四)历史教师的校本研修

校本研修是历史教师专业发展的重要途径,也是一种比校本培训更加深入有效的促进历史教师专业发展的方式。历史教师专业发展重在培养自主成长型的历史教师,因此,终身学习与历史教师专业发展过程相伴随,而校本研修不仅与职前教育、职后培训等形式同样成为历史教师专业发展的常见形式,而且更具有针对性和实用性,是一种非常有利于历史教师成长的专业发展方式,也是贯彻终身学习理念的一种现实途径。

(五)历史教学网络交流

当前,现代技术在课堂教学中的应用已十分广泛,人机交互式也开始引起人们的关注。网络教育的出现大大提高了知识的传播速度和数量,为各类人才的培养和终身教育的实施提供了一个新的方式。在教师专业学习中,网络课程已经在各级教育部门的培训中得到应用,但网络教学所具有的资源共享、交互速效的特点,还没有得到应有的发挥。自上而下的网络课程学习应该与历史教学网站上的交流学习相辅相成。历史教学研究是一种教师对日常实践出于自觉的多样化的探究活动过程,个别化学习是其中的一个显著特点。教师专业服务阶段有一个从初任到胜任的转变过程。初任教师难免会有困惑与波动,假如不借助教学研究和专业引领,单凭经验的积累,是难以迅速转入胜任期的。进入胜任期的教师也有更新、统整、发展的必要,如果没有自觉的研究和专业引领,也难以更好地实现专业发展。历史教学网站的建立完全可以由教师按照个人的需求和水平选择学习内容和进度。目前,已经出现了许多历史教学网站,这些网站不仅汇集了众多资源,而且专设在线咨询,较好地发挥了网络学习资源共享和交互速效的特长,为历史教师的个别化学习提供了一个十分便利的平台。

(六)历史课的"同课异教"

同课异教是指根据同一课程目标和课题,由教师个人进行教学反思,或教师集体进行研讨互助,针对不同的学习主体,运用不同的教学方式,以对应的教学设计开展教学。同课异教不仅是一种新的教研方式,同时也是一种新的教学反思方式。这是一种与集体备课"求统一"相反的"求异"研讨活动。

同课异教分为集体型和个体型两种基本类型。从教师专业发展的基本途径看,集体型的同课异教侧重于"同行互助",个体型的同课异教则侧重于"个人反思"。在实际运用中,集体型使用较为广泛,对其研究亦较为深入。因为集体型同课异教可以通过多位教师的教学互助形成一个资源共享的平台,使大家同时受益,所以深受多数教研机构和教师的青睐。而个体型同课异教容易受教师个人的时间、精力、思维差异和专业水平等因素的制约,假如不与其他互动性教研活动相结合,则难以检验个人反思的真实成效。但在实践中,教师的个人反思与同行互助相比,更具灵活性,易于将教育理念内化并融合在教学实践中。因此,两种类型的同课异教应该结合起来。为了在同课异教中促进教师的发展,应该注意以下几点。

1. 要正确处理质量与数量的关系

不能因过分注重"量"而忽视了"质"的核心作用。因此,我们无须每节课都进行"同课异教",也无须每节课的各个环节都"同课异构"。同课异教一方面可以通过校内科组活动来进行,另一方面也可以跨校、跨区、跨市组织研讨活动,将个人反思与同行互助在更大的范围内开展,建立教师发展的平台。

2. 切忌毫无目标的"异教"

求异不是目标,而是要通过对教学设计的适切性探讨提高教师的专业水平,实现有效教学的目标。为此,历史教师在同课异教中,除了需要发挥学科专长外,还需要应用教育心理学知识,了解不同年龄段、不同年级学生的心智发展规律以及学习特征,随时掌控学生接受知识的能力限度。

3. 注重过程

只有在研讨的过程中,才能碰撞出许多思想火花,产生出更多的新颖设计。只有对教学问题结合实践进行商讨,才能有效地促进教师个人自觉的反思,加快教师成长的步伐。

(七)综合互动式培训

综合互动式培训方式将教师专业发展的基本途径有机地结合起来,涵盖了自主发展、同行互助、专业引领、教学反思、教学相长和教学研究等,有效地促进了教师队伍的成长,迅速地提升了综合课程的教学水平,推动了新课程的实施。综合互动培训有以下几个显著的特点。

1. 参与人员十分广泛

参与人员可以有学生、师范生、新教师、资深教师、教研人员、大学教

第七章 教学之魂：历史教师的专业化研究

师和教育管理人员等。

2. 教学、培训和研讨相结合

在活动中，有讲座、授课、观课、辩论、评课等基本内容，有机地把学生学习、教师教学、新教师观摩、资深教师讲座和专家评估结合起来。

3. 互动性、开放性十分显著

有课堂教学师生的互动，也有全场参与者的信息互动，还有同行对现场教学做正反方的辩论。每人都可以发表自己的见解，尤其鼓励不同意见的表达。

4. 每次培训都有一个鲜明的主题

所选主题基本都围绕着有效教学展开，切入的角度都是教师在教学实践中需要明晰的基本观念，从而有利于教师对教学问题进行深度的思考。

5. 利用现代技术及时反馈全体参加者的认识

在资深教师讲座、历史课堂教学、教师辩论、专家评估等环节，所有参加人员，不论是学生还是教师，都可以将自己的看法以信息的形式发至培训平台，及时在屏幕上展示出来。在活动结束前，每人都可以填写对各培训环节的评语和建议。

参考文献

[1] 宾华.中学历史课堂教学设计研究 [M].长春：长春出版社,2012.
[2] 陈辉.中学历史教学论新探 [M].北京：高等教育出版社,2014.
[3] 陈志刚,翟霄宇.历史课程与教学论 [M].北京：科学出版社,2012.
[4] 陈志刚.历史课程论 [M].长春：长春出版社,2012.
[5] 杜芳.历史课程与教学论 [M].武汉：华中师范大学出版社,2012.
[6] 何成刚,等.历史教学设计 [M].上海：华东师范大学出版社,2009.
[7] 黄牧航.历史教学与学业评价 [M].广州：广东教育出版社,2005.
[8] 刘军.初中历史教学策略 [M].北京：北京师范大学出版社,2013.
[9] 马卫东.历史教学概论 [M].北京：北京师范大学出版社,2010.
[10] 钱家先,太俊文.中学历史新课程教学论 [M].昆明：云南大学出版社,2007.
[11] 施良方,崔允漷.教学理论：课堂教学的原理、策略与研究 [M].上海：华东师范大学出版社,1999.
[12] 王承吉.中学历史教学论 [M].北京：北京师范大学出版社,2010.
[13] 王春永.中学历史课程教学论 [M].长春：吉林大学出版社,2011.
[14] 王雄.王雄的中学历史教学主张 [M].北京：中国轻工业出版社,2015.
[15] 叶小兵,姬秉新,李稚勇.历史教育学 [M].北京：高等教育出版社,2004.
[16] 殷丽萍.历史课程与教学论 [M].广州：广东高等教育出版社,2013.
[17] 于友西.中学历史教学法 [M].北京：高等教育出版社,2009.
[18] 余伟民.历史教育展望 [M].上海：华东师范大学出版社,2002.
[19] 张庆海.中学历史教学中的史学理论问题 [M].长春：长春出版社,2012.
[20] 张向阳.历史教学论 [M].长春：长春出版社,2011.
[21] 赵克礼,徐赐成.中学历史教材研究与教学设计 [M].西安：陕西师范大学出版社,2011.

参考文献

[22] 朱汉国,郑林.新编历史教学论[M].上海：华东师范大学出版社,2008.

[23] 朱煜.历史课程与教学论[M].长春：东北师范大学出版社,2005.

[24] 林真.教育信息化背景下中学历史教师专业化发展的再思考[J].科教文汇,2014（32）：13-14.